中公新書 2420

井出穣治著

フィリピン——急成長する若き「大国」

中央公論新社刊

はじめに

「フィリピンは高度成長国に変貌を遂げた。２０５０年を展望した場合、フィリピンはアジアで最も将来性がある希望の星だ」

この言葉は、筆者が国際機関のエコノミストとしてフィリピンを頻繁に訪れていた際、財務大臣や中央銀行総裁といったフィリピンの政策当局者から何度も聞いたフレーズだ。実際、近年のフィリピンは、おおむね６％を超える高い経済成長を続けており、アジア全体を見渡しても躍進が目覚ましい。また、将来性の観点でも、フィリピンは人口が1億人を突破するなど、アジアでも有数の人口を誇っている。国民の平均年齢は約25歳と非常に若く、恵まれた人口動態を有しており、日本を筆頭に高齢化が進むアジアの多くの国と比較すると、極めて優位なポジションに位置している。

こうした中、フィリピンに対する世の中の評価も様変わりしている。株式市場をみると、フィリピンの株価は、過去10年間で実に約４倍となっている。国債の格付も引き上げられており、長らく「投資不適格」と見做《みな》されていたフィリピンの格付は、現在は「投資適格」との評価を受けている。米国の大手投資銀行ゴールドマン・サックスが、21世紀に高度成長が見込める国々を総称し、BRICs（ブラジル、ロシア、インド、中国）と名付けたことは記憶に新しいが、近年は、ポストBRICsの有力候補として、VIP（ベトナム、インドネシア、フィリピン）という造語が使われる機会も増えている。

わが国の企業がフィリピンをみる目も変わりつつある。近年の主要な動きをみると、電子部品の分野では、村田製作所がフィリピンに生産拠点を新設したほか、プリンター等の分野では、セイコーエプソン、キヤノン、ブラザー工業といった大手メーカーが生産工場を建設した。自動車業界でも、三菱自動車など一部先がフィリピンにおける生産能力の強化に乗り出している。小売業界に目を転じても、ユニクロやファミリーマートが進出を開始するなど、フィリピンに注目する機運が急速に高まっている。

ただし、時計の針を戻すと、20世紀後半のフィリピンは、「アジアの病人」と揶揄《やゆ》され、アジアの高度成長から取り残される劣等生のレッテルを貼られ続けた。第二次世界大戦の後には、米国との強い結び付きもあって、フィリピンがアジアの中で最も将来を期待される国のひとつとして認識されていた事実を踏まえると、20世紀後半のフィリピンの歴史は、「国際社会の期待を裏切り続ける歴史」であったと言える。こうした経緯もあり、近年の高度成長に対しても、その持続性を疑問視する声は少なくない。

フィリピンは本当に変貌を遂げたのだろうか。2050年を展望した場合、本当に将来性が豊かな「希望の星」と呼べるのだろうか。本書では、こうした問いに答えるために、近年のフィリピン経済の成長の源泉を検証し、「アジアの病人」と揶揄されていた時期と変わった部分は何か、変わっていない部分は何か、を明らかにする。

筆者は、国際通貨体制の安定を役割とする国際機関のIMF（国際通貨基金）に勤務していた当時、フィリピン担当のエコノミストとして、同国の政策当局者に経済政策をアドバイスする仕事を行っていた。その当時、財務大臣や中央銀行総裁をはじめとして、経済政策の舵取《かじと》りを担っている人たちと突っ込んだ意見交換を行う中で、フィリピンが、アジアの大半の国とは異なる独自の経済成長のモデルを確立し、大いなる可能性を秘めていることを肌で感じた。同時に、フィリピンを訪れるたびに、政治家、官僚、企業経営者、一般市民から、「この国を良くしたい」という湧き上がる情熱を感じた。その意味で、フィリピンが高度成長国として離陸し、アジアの「希望の星」として着実に歩みを進めていることは間違いない。

もちろん、本書は単純な楽観論に陥ることなく、フィリピンが直面している課題にも目を向ける。例えば、①超高層ビルとスラム街のコントラストに代表される、この国の貧富の差の問題、②マニラ首都圏の深刻な交通渋滞に代表される、この国のインフラ不足の問題など、フィリピン経済は多くの構造的な問題を抱えている。実は、これらの構造的な問題の根源には、20世紀半ばまで続いた約400年間の植民地時代に作られた制度が大きく影響している。本書では、これらの負の遺産についても検証する。

こうした歴史的な洞察に加えて、フィリピンの現在の立ち位置を知り、将来を展望する上では、経済以外の論点も語る必要がある。とりわけ、フィリピンの場合は、①この国の民主主義をどう考えるのか、②この国を取り巻く地政学の問題をどう考えるのか、という論点を避けて通れない。

フィリピンの政治というと、古くは、マルコス独裁政権の印象が強いかもしれない。また、最近では、2016年6月に就任したドゥテルテ大統領のもとで、麻薬犯罪者の超法規的殺人が行われている国とのイメージが強く、強権的な政治を連想するかもしれない。しかし、歴史を紐解《ひもと》くと、実はフィリピンは、アジアの中では非常に早い段階で、民主主義が制度として定着した国である。その意味で、フィリピンの民主主義には先進的な面があるとも言える。

地政学に関して言えば、フィリピンは1946年の独立後、同盟国として米国のアジア外交の要衝に位置付けられてきたが、近年は、中国の台頭が著しい中で、外交上のバランスの取り方に腐心している。南シナ海を巡る中国との領有権問題はその最たる例であり、今後も、米国と中国の狭間《はざま》でどう立ち回っていくのか、という問題に直面し続ける可能性が高い。本書では、こうした民主主義や地政学の問題についても、第二次世界大戦後の歴史を振り返った上で、先行きを展望する。

フィリピンは、日本から飛行機でわずか5時間程度と、東南アジアの中で最も近くに位置している。距離的な近接性だけでなく、フィリピンと日本には多くの共通点がある。例えば、①地理に着目すれば、両国とも島からなる海洋国家である、②歴史に着目すれば、両国とも米国の統治下に置かれた経験を有している、③戦後の外交に着目すれば、両国とも米国の同盟国として、米国のアジア外交の要衝となってきた、④政治制度に着目すれば、両国は民主主義という価値観を共有している、といった形で、様々な共通点が指摘できる。

こうした共通点と、フィリピンが高度成長国として着実に歩みを進めている事実を併せて考えると、フィリピンは今後、日本にとって重要なパートナーとなる可能性が高い。前述のVIPという言葉は、ベトナム、インドネシア、フィリピンの英語の頭文字を繋《つな》げたものであるが、「Very Important Partner（非常に重要なパートナー）」という意味も含まれていると言われることが多い。

それにもかかわらず、わが国の多くの人にとって、フィリピンは未だに「近くて遠い国」であり、理解は深まっていない。フィリピンの印象と聞くと、「治安が悪くて貧しい国」とのイメージを漠然と抱いている人も多いのではないだろうか。実際、ひと昔前は、フィリピン赴任が決まった夫の妻の逸話として、赴任の話を聞いた直後に「フィリピンなんて行きたくない」と泣き、その後、実際にフィリピンに到着して「日本に帰りたい」と泣いた、という話が語り草となった。ただし、この話では妻がもう一度泣く場面があり、数年後に日本への帰国が決まった際には、「フィリピンを離れたくない」と泣いたと伝えられている。この逸話はあくまでたとえ話であるが、フィリピンに対するイメージと実際の姿にギャップがあることをうまく描写している。

フィリピンに対する理解が深まらない理由のひとつには、この国が長らく「アジアの病人」と揶揄され、日本企業の進出があまり進まなかったことが大きい。また、歴史問題が頻繁に蒸し返される中国や韓国と異なり、フィリピンとの関係では、戦争の記憶がかなり風化していることも影響しているように思う。フィリピンは、太平洋戦争において激戦地となり、日米間の戦闘に巻き込まれる形で100万人を超えるフィリピン人が犠牲になったと言われている。もっとも、戦後の和解がうまく機能したこともあり、現在では、歴史問題が公の場で言及されることはほとんどない（この事実は、もちろん喜ばしいことであるが）。

フィリピンが、「アジアの病人」から脱却し、「希望の星」として着実に歩みを進めている時期だからこそ、フィリピンへの理解を深める必要があるのではないか。そんな思いを強く持ったことが、本書の執筆の大きな動機である。フィリピンでは、2016年6月から、ドゥテルテ大統領のもとで新たな6年間が始まっている。日本のテレビや新聞では、「犯罪者は必要であれば殺す」「米国とは決別する」といったドゥテルテ大統領の暴言が注目されがちだが、経済政策をみると、フィリピンが克服すべき課題がしっかりと認識されている。その意味では、政治の安定が保たれればという条件付きではあるが、ドゥテルテ政権のもとでフィリピン経済がさらなる飛躍を遂げる可能性は十分にある。そうなれば、日本企業がフィリピンに注ぐ視線も一段と熱くなるだろう。

最近は、日本で暮らしていても、フィリピンを意識する機会が格段に増えている。例えば、近年の高度成長を受けて、フィリピンへの株式投資や不動産投資に関する広告を目にすることは多い。また、スカイプでフィリピン人から英語のレッスンを受ける人や、短期の語学留学でフィリピンに滞在する人も増えている。さらに、近年の規制緩和の結果、フィリピン人の看護師や介護福祉士の受け入れも進んでおり、わが国の高齢化が進む中、将来的には、日常生活でフィリピン人と接点を持つ機会が大きく増える可能性もある。だからこそ、本書を通じて、フィリピンに対する理解が深まり、多くの人にとってフィリピンが身近な存在になれば、嬉しい限りである。

目次

はじめに　i

第1章　「アジアの病人」からの脱却……3
1　なぜ今フィリピンなのか　3
2　アジアの病人時代　11
3　新たな時代の幕開け　23

第2章　高度成長の源泉……27
1　常識とは異なる新しい経済成長のモデル　27
2　人口ボーナスの恩恵と限界　41
3　マクロ経済・政治の安定　53

第3章　飛躍を継続するための課題……67

1 国民に広く行き渡る経済成長の実現 67
2 立ち遅れるインフラ整備 72
3 直接投資の呼び込み 84
4 ドゥテルテ政権の経済政策と将来展望 97

第4章 植民地時代の負の遺産——分断社会はいかに生まれたか……107
1 スペインと米国の統治 107
2 未完の農地改革 122

第5章 フィリピン政治の実情とゆくえ……137
1 埋め込まれた民主主義 138
2 深化を阻む要因と打開策 149
3 諸刃の剣のドゥテルテ大統領 164

第6章　地政学でみるフィリピン、そして日本……171
1　東アジアの地政学　171
2　日本とフィリピンの和解の歴史　189
3　日本とフィリピンの経済関係　200
あとがき　212
参考文献　220

写真提供・読売新聞社

フィリピンの地図

南シナ海
ルソン島
ピナツボ火山
スカボロー礁
旧クラーク航空基地
マニラ
旧スービック湾海軍基地
ビサヤ諸島
南沙諸島
セブ
レイテ島
ミンダナオ島
ダバオ

関連年表

年	出来事
1521	探検家マゼランがセブ島に到着
1565	スペインがセブ島を領有
1571	スペインがマニラで市政を開始
1898	米西戦争を経て、米国の植民地となる
1907	公選の国民議会が成立
1942	日本軍がマニラを占領
1945	米国の統治下に復す
1946	独立を果たす
1951	米国と相互防衛条約締結
1956	日本と国交回復
1965	マルコス大統領就任
1967	ASEAN発足
1972	マルコス政権が全土に戒厳令を敷く
1983	アキノ元上院議員が暗殺される
	対外債務危機
1986	「エドゥサ」革命を経て、コラソン・アキノ大統領就任
1988	包括的農地改革法が成立
1992	ラモス大統領就任
1998	エストラーダ大統領就任
2001	アロヨ大統領就任
2006	日比経済連携協定調印
2010	アキノ大統領就任
2014	モロ・イスラム解放戦線と和平協定を締結
2016	天皇皇后両陛下がフィリピン訪問
	ドゥテルテ大統領就任
	仲裁裁判所が南シナ海問題に関して、フィリピンの申し立てを認める

フィリピン——急成長する若き「大国」

第1章　「アジアの病人」からの脱却

1　なぜ今フィリピンなのか

マニラ首都圏の光景

フィリピンのマニラ首都圏（17の行政地域の集合体）に属する都市のマカティ市を訪れると、この国の躍動を誰しもが感じる。シャングリラ・ホテルやペニンシュラ・ホテルなどの超高級ホテルのレストランやラウンジは、商談中と思われるビジネスマンでいつも混雑している。ホテルを一歩外に出て、外資系金融機関のオフィスが入っている超高層ビルに向かうと、スマートフォンを片手にせわしなく行き来している、この国の中間所得層と思われる人たちに数多く遭遇する。超高層ビルの上から市内を見渡すと、新しい建設プロジェクトが次々と進んでいる光景が目の前に広がっている。

街中の生活の様子をみようと、近くのショッピングモールに行くと、フィリピン人が大挙して列を作り、どの店も大勢の買い物客でごった返している。ランチやディナーの時間になると、レストランやフードコートは常に人だかりで、フィリピン人好みの甘い味付けで人気の地元ファーストフード店のジョリビーは、親子連れなどで賑《にぎ》わいをみせている（フィリピンのファーストフード業界では、マクドナルドが地元チェーンの後塵《こうじん》を拝しており、ジョリビーの店舗を至るところで目にする）。スターバックスも少し歩けば目に入り、それなりの値段にもかかわらず、店内は混み合っている。高温多湿の熱帯性気候を知らない日本人は、街中を歩く時の蒸し暑さだけは勘弁して欲しいと思ってしまうが、いずれにしても、マカティ市内に数日滞在するだけで、この国の経済成長の光の部分を数多く目の当たりにする。

一方、フィリピン社会の影の部分（代表的なものは貧富の差）も、否《いや》が応でも感じる機会は多い。例えば、マカティ市内を抜け出して車を走らせると、夕方の遅い時間には、信号待ちのたびに見知らぬ子供が物を売ろうと近付いてくる。さらに貧困地域に行くと、脇道にはスラム街が目に入ってくる。そこには、超高級ホテルや超高層ビルで目にする世界とはまったく別の空間が広がっている。もうひとつ、車で移動すると必ず体験するのが、朝夕の通勤時間帯における大渋滞だ。渋滞は東南アジア諸国の代名詞とも言えるが、その中でもフィリピンの道路事情は深刻さを極めている。大渋滞の最中は、クラクションがあちこちで鳴り響き、この国で車を運転することは非常に危険であると確信するし、路上は混沌《こんとん》としている。大雨が降ろうものなら、道路の多くは浸水し、交通網が混乱に陥る。そんな光景は、この国では日常茶飯事となっている。

もちろん、こうしたマニラ首都圏の様子は、あくまでこの国の一部でしかないが、そうであっても、フィリピンの光と影をある程度正確に描写している気がする。本書は、主に経済面に軸足を置き、フィリピンの過去を振り返り、現在を直視し、その上で未来を展望するが、まずは東南アジアにおける立ち位置を確認し、どうしてフィリピンが注目に値するのか、という点から話を始めたいと思う。

東南アジアで高まる存在感

東南アジアというと、ASEAN（Association of Southeast Asian Nations）を構成する10か国が念頭に置かれることが多い。ASEAN（日本語に訳すと東南アジア諸国連合）は東南アジア域内の地域協力機構であり、その発足は1967年まで遡る。発足当初のASEANは、マレーシア、タイ、インドネシア、フィリピン、シンガポールの5か国で構成されていたが、

図表１－１　ASEAN加盟国（網かけ部分）と周辺国

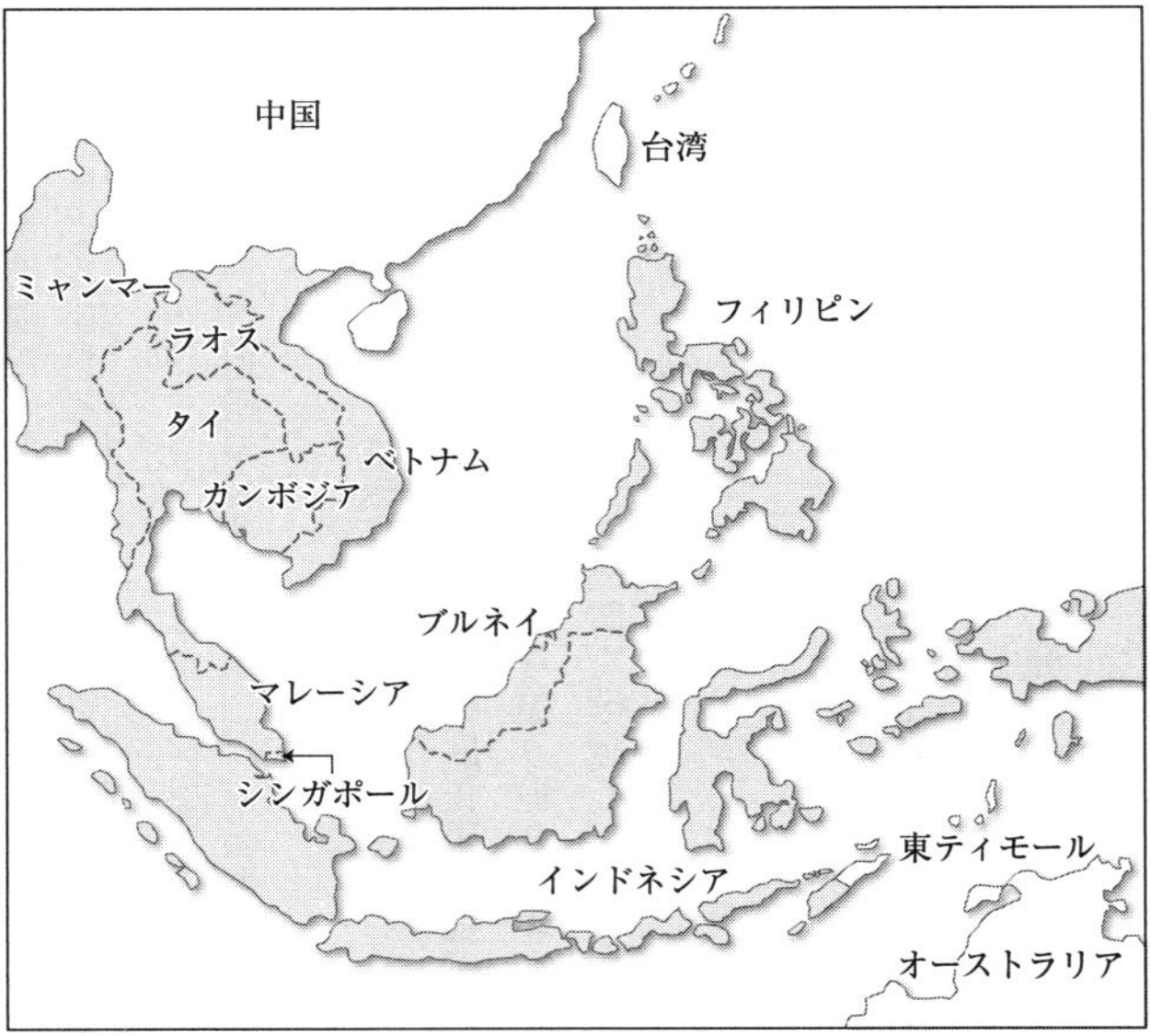

（出所）外務省ホームページをもとに作成

加盟国は少しずつ増え、2016年末時点では、ブルネイ、ベトナム、ミャンマー、ラオス、カンボジアを含む計10か国で構成されている（**図表1-1**）。なお、ASEAN加盟の準備を進めている東ティモールが加わると、加盟国は11か国となるが、以下では10か国ベースで議論する。

近年、そのASEANの存在感が急速に高まっているが、一体どうしてだろうか。理由は大きく三つあると考えられる。

第一に、ASEANが目覚

ましい経済成長を続けており、今後の成長期待も高いことが挙げられる。経済規模を表す名目GDPは、過去15年間で約4倍となっており、中国やインドにも見劣りしないスピードで成長している。ASEAN加盟10か国を合計すると、総人口6億人以上の巨大な経済圏であり、かつ若年層の労働力が多いため、将来の成長性もかなり期待できる。

第二に、ASEAN自身が、巨大な自由貿易圏を作る試みを継続していることが挙げられる。既に加盟10か国は域内の関税の撤廃をほぼ完了し、2015年末にはASEAN経済共同体（AEC）が発足するなど、こうした取り組みは着々と進んでいる。モノやサービスの自由化が一段と進捗し、域内の貿易がさらに拡大すれば、そのポテンシャルは計り知れない。

第三に、これまで中国への進出を続けてきた日本企業の間で、中国経済の減速や同国における人件費の上昇などを受けて、投資先としての中国の魅力が落ち、ポテンシャルの高いASEANへの進出が加速していることが挙げられる。

ASEANでの位置付け

それでは、ASEAN加盟10か国の中で、フィリピンはどういった特徴を持つ国なのだろうか。国土に関してみると、ASEANは、インドシナ半島部に位置する国々（陸のASEAN）と島嶼《とうしょ》部の国々（海のASEAN）に分けられる。フィリピンは後者に属し、インド

図表１－２　ASEAN加盟10か国の比較（2015年時点）

	人口（100万人）	名目GDP（10億ドル）	１人当たりGDP（ドル）
ブルネイ	0.4	12.9	30,993
インドネシア	255.5	859.0	3,362
マレーシア	31.2	296.3	9,501
フィリピン	102.2	292.5	2,863
シンガポール	5.5	292.7	52,888
タイ	68.8	395.3	5,742
カンボジア	15.5	17.8	1,144
ラオス	7.0	12.6	1,787
ミャンマー	51.8	62.9	1,213
ベトナム	91.7	191.5	2,088

（出所）IMF, World Economic Outlook Database（2016年10月）

ネシアと並んで多数の島から構成される群島国家だ。フィリピンは、マニラ首都圏がある北部のルソン島、リゾート地で有名なセブ島が含まれる中部のビサヤ諸島、南部のミンダナオ島を中心に、なんと７０００以上の島から構成されている（国土の総面積は30万平方キロメートル弱で、日本の約０・８倍）。

民族はマレー系が多くを占めており、それ以外に、中華系、スペイン系、中華系やスペイン系との混血、少数民族が存在している。なお、フィリピンの場合、マレー系は細分化されており、最大勢力のタガログ族は、国民全体の４分の１を占めるに過ぎない。国勢調査では、１００以上の民族が報告されており、言うならば多民族国家なのだ。これは、インドネシアと同様、群島国家を成り立ちとする宿命とも言える。

次に、ＡＳＥＡＮ各国の人口をみると、インドネシアが約２・５億人と突出して多いが、フィリピンの人口も約１億人と、ＡＳＥＡＮの中で第２位に位置しており、他国を大きく上回っている（図表1-2）。この人口規模が、フィリピン経済の潜在力を示す重要なポイントだ。また、フィリピンは、国民の平均年齢が約25歳と非常に若く、かなり長い期間にわたって生産年齢人口（15〜64歳の人口）の増加が続くと言われている。すなわち、人口動態に関して、フィリピンはASEANの中で優位なポジションにおり、この点も、フィリピン経済の潜在力が評価される理由となっている（人口動態と経済成長の関係については、第2章「高度成長の源泉」の中で詳しく説明する）。

経済規模や経済の発展度合いはどうだろうか。ASEAN各国の名目GDPをみると、人口同様、インドネシアが約9000億ドルと一番大きい。フィリピンは約3000億ドルと、タイ、マレーシア、シンガポールとともに2位集団に位置している。一方、1人当たりGDPに関しては、シンガポールとブルネイが突出しているのはともかくとしても（ブルネイの1人当たりGDPの高さは意外かもしれないが、同国の豊かさは、石油・天然ガス収入によってもたらされている部分が大きい）、フィリピンは3000ドル程度にとどまっており、マレーシア、タイ、インドネシアの後塵を拝している。

すなわち、経済の発展度合いに関しては、フィリピンは必ずしもASEANの上位に位置している訳ではない。ただし、現在の1人当たりGDPの水準は、むしろこの国の投資先としての魅力を示しているとも言える。実際、1人当たりGDPが3000ドルの水準を超えると、乗用車に代表される耐久消費財が急速に普及すると考えられている。さらに、フィリピンが1億人の人口を有していることを踏まえると、経済成長が順調に続けばという条件付きではあるが、中間所得層の絶対数も大きく増え、消費市場として非常に魅力的な存在になる可能性を秘めている。実際、フィリピンの中間所得層は、2015~30年の15年間で4割以上増加し、2030年時点では840万世帯になるとの民間調査会社の予測も存在する。

このように、多くのデータは、フィリピンのポテンシャルの高さを示しており、日本企業にとっては大きなビジネスチャンスがあると言える。こうしたフィリピンの将来性を反映してか、近年は、同国に関する報道の件数も大きく増えている。例えば、『日本経済新聞』の電子版の記事を対象に、フィリピンというキーワードを検索すると、該当する記事のヒット件数は、1347件(2012年)→1695件(2014年)→2097件(2016年)と増加傾向にある。

実は、フィリピンの将来性が注目されたのは、最近に始まったことではない。時計の針を大きく戻して、第二次世界大戦直後の時期にタイムスリップしてみると、当時もフィリピンの将来性が高く評価されていたことが分かる。

2 アジアの病人時代

将来を嘱望されていた第二次世界大戦後

フィリピンは、1898年の米西戦争以降、米国の植民地となっていたが（正確には、1942年から数年間は日本の占領下にあり、1945年に再び米国の統治下に置かれた）、第二次世界大戦が終わると、1946年には米国からの独立を果たした。その後、1950年代には、東南アジア諸国の中でいち早く工業化に向けて歩みを進めた。具体的には、高い関税で国内の市場を保護しつつ、従来は輸入していた工業製品の国産化を目指した。これは輸入代替政策と呼ばれるもので、自国の競争力が付くまでは、海外からの工業製品の流入を制限し、自前の生産能力を高めようとする経済政策である。多くの東南アジア諸国において、工業化の最初のステップとして輸入代替政策が採用される時期が1960年代以降であったのに比べると、フィリピンが工業化に向けて歩みを進めたタイミングは、非常に早かったと言える。

フィリピンが早い段階で工業化プロセスを開始できた背景には、米国との強い結び付きがあった。フィリピンは長らく米国の植民地であったが、独立後の復興段階では、米国からの多額の経済的支援があったし、その後の工業化のプロセスにおいても、同国に進出した米国企業が大きな役割を果たした。

経済の発展度合いに関して、当時のフィリピンが東アジアの多くの国に先行していたことは、データをみると良く分かる。例えば、1960年時点の1人当たりGDPを世界銀行のデータで確認すると、日本が479ドルと先行していたが、フィリピンは254ドルと、中国の89ドル、タイの109ドル、韓国の156ドル、マレーシアの235ドルを軒並み上回っていた。工業化の進展度合いに関しても、フィリピンは相対的に進んでおり、GDPに占める製造業の比率は、1960年時点で約2割に達していた。

経済の発展度合いだけでなく、政治制度の先進性も、フィリピンの将来性を有望視する議論に繋がっていた。フィリピンは、1946年に独立を果たすと、米国流の政治システムを採用したため、独立直後から民主主義国家であった。その後、1972年に当時のマルコス大統領が戒厳令を出し、独裁体制を確立するまでは、少なくとも形式上は民主主義が機能していた。日本を除く東アジアの多くの国で、民主主義が制度として定着し始めるのは1980年代後半以降であり、政治制度において、当時のフィリピンがいかに先進的であったかが分かる。

安全保障面でも、フィリピンは相対的に優位なポジションにいた。すなわち、フィリピンは、南シナ海の海上交通路の要衝に位置するなど、東アジアにおける地政学的な重要性から、冷戦期における米国の東アジア外交の重要拠点として位置付けられた。具体的には、国内に米国の大規模な軍事基地が置かれたほか、1951年には両国間で相互防衛条約も締結された。安全保障面では、米国に従属していた訳であるが、逆に言えば、第二次世界大戦後の日本と同様、経済成長に国力を集中させることが可能であり、こうした恵まれた状況も、フィリピンを有望視する見方に繋がったと言える。国際機関であるアジア開発銀行が、1966年にフィリピンのマニラに設立された事実は、当時のフィリピンが東アジアの中で優位なポジションにいたことを端的に示している。

しかし、1960年代以降のフィリピンの歩みは、「国際社会の期待を裏切り続ける歴史」となってしまった。この間、韓国、台湾、香港、シンガポール、マレーシア、タイ、インドネシアが、「東アジアの奇跡」と呼ばれる急速な経済成長を遂げたにもかかわらず、フィリピンはこうした成長に乗り遅れ、「アジアの病人」と揶揄される時期が続いた。この違いのカギを解くために、まずは、1960年代以降のフィリピン経済の歩みを簡単に振り返ってみよう。

輸入代替政策の行き詰まり

前述した通り、フィリピンは、早い段階で輸入代替に基づく工業化プロセスを開始したが、この政策は次第に矛盾が表面化し、行き詰まっていった。一般的に、輸入代替政策は、ある程度の段階まで進むと様々な問題に直面すると考えられている。例えば、アジア経済を専門とする末廣《すえひろ》昭は、著書『キャッチアップ型工業化論』の中で、輸入代替政策の問題点を以下のように解説している。第一に、輸入代替政策は、国内市場で必要な工業製品の国産化を目指すものであるため、国内の市場規模が小さいと産業の発展余地が限られてしまう。第二に、この政策を推し進めると、工業製品の国産化に必要となる原材料や中間財・資本財の輸入が増加するため、農作物や資源などの一次産品の輸出によって十分な外貨を獲得できない場合は、貿易赤字が大きく拡大してしまう。

東アジアの多くの国は、輸入代替政策の問題を克服するため、輸出振興による工業化に次第に転換していったが、フィリピンは、この転換をうまく図ることができなかった。フィリピンでは、16世紀半ばから19世紀末まで続いたスペインによる植民地時代にアシエンダ制（大農園制）が定着したことから、伝統的に大土地所有者の力が強かった。輸入代替政策のもとで、大土地所有者は関税で保護されている製造業に参入し、強固な既得権を作り上げてしまった。

１９６５年に誕生したマルコス政権は、国家権力の集中を図ることで、既得権層の一掃を狙ったほか、輸入代替からの脱却にも取り組もうとした。実際、マルコス大統領は１９７２

年に戒厳令を発し、議会と政党活動を停止させ、国家が経済開発を主導する権威主義体制を確立させた。この時期、東アジアの多くの国では、経済成長の実現という錦の御旗のもとに権力の集中が進められ、権威主義体制が次々と成立したが（代表例は、韓国の朴《パク》政権、シンガポールのリー政権、インドネシアのスハルト政権など）、フィリピンも同様であったと言える。

しかし、国家権力の集中に成功したマルコス政権も、輸入代替からの脱却を果たせず、輸出振興による工業化への転換を実現することはできなかった。マルコス政権は、一部の財閥を追放するなど、部分的には既得権を切り崩したものの、その代わりに、マルコス大統領との個人的な結び付きを強めた資本家が、新たに既得権を持つ存在となってしまった。こうした資本家は、政府系金融機関からの融資で優遇され、巨大な企業グループを作り上げていったが、傘下の製造業が専ら国内市場向けに事業を展開する構図は、それ以前の財閥と大きくは変わらなかった。そして、マルコス自身との個人的な結び付きが重視されるクローニズム（縁故主義）のもと、フィリピンでは汚職・腐敗の体質が根付き、政府のガバナンス（統

フェルディナンド・マルコス（1965年12月）

治）も大きく劣化した。

政情不安と経済低迷の負のスパイラル

輸出振興による工業化への転換の遅れは、フィリピンの経常収支が慢性的に赤字になることを意味していた。しかも、マルコス政権のもとでは、対外債務の拡大を通じてインフラ投資が進められたこともあり、経常収支の赤字規模が大きく膨らんだ。こうした中、1983年にマルコス大統領の政敵であったベニグノ・アキノ元上院議員の暗殺事件が発生すると、政情不安から資本逃避の動きが生じ、フィリピンは対外債務危機に陥った。その年の10月には、外貨準備はほぼ枯渇し、フィリピンは海外の銀行団に対して、対外債務の支払猶予を要請せざるを得なくなった。1984年には、IMF（国際通貨基金）から金融支援を受けることになったが、財政緊縮策などの厳しい構造調整を課せられ、その後のフィリピンは、経済成長の一層の停滞を経験せざるを得なくなった。

政情不安と経済低迷から、マルコス政権は次第に国民の支持を失っていく。1986年には、マルコス大統領の退陣を求める100万人もの群衆がマニラ首都圏のエドゥサ地区に集結し、これに軍部も味方したことで、20年間続いたマルコス政権は崩壊した（世にいう「エドゥサ」革命）。新しい大統領には、ベニグノ・アキノ元上院議員の暗殺によって未亡人となったコラソン・アキノが就任し、アキノ大統領のもとで、フィリピンは民主主義を復活させ、再スタートを切ることになる（アキノ家は、フィリピンでも有数の政治家一族であり、2010～16年に大統領を務めたベニグノ・アキノ3世は、ベニグノ・アキノ元上院議員とコラソン・アキノの息子である）。

しかし、フィリピン経済は、1986～92年のアキノ政権のもとでも、以下の理由から低迷が続いた。第一に、IMFによる金融支援を受ける条件として、フィリピンは財政緊縮策を採用することを義務付けられた。その結果、インフラ投資に代表されるように、経済成長に不可欠な分野に十分に資源配分を行うことができなかった。第二に、アキノ政権は、農地改革などの経済改革に取り組もうとしたものの、多くの改革は既得権層に骨抜きにされ、大きな成果を挙げることができなかった。第三に、アキノ政権下では、クーデター未遂事件が起きるなど、政治的な混乱が続き、治安の悪化も深刻となった。三井物産のマニラ支店長の誘拐事件が発生したのもこの時期であり、日本企業を含め、外国企業がフィリピン進出に二の足を踏み、海外からの投資を呼び込むことができなかった。

「東アジアの奇跡」との比較

世界銀行は1993年、1960年代以降の東アジアの高度成長の背景を分析し、『東ア

図表1-3　東アジア各国の1人当たり実質GDPの伸び率（年平均）

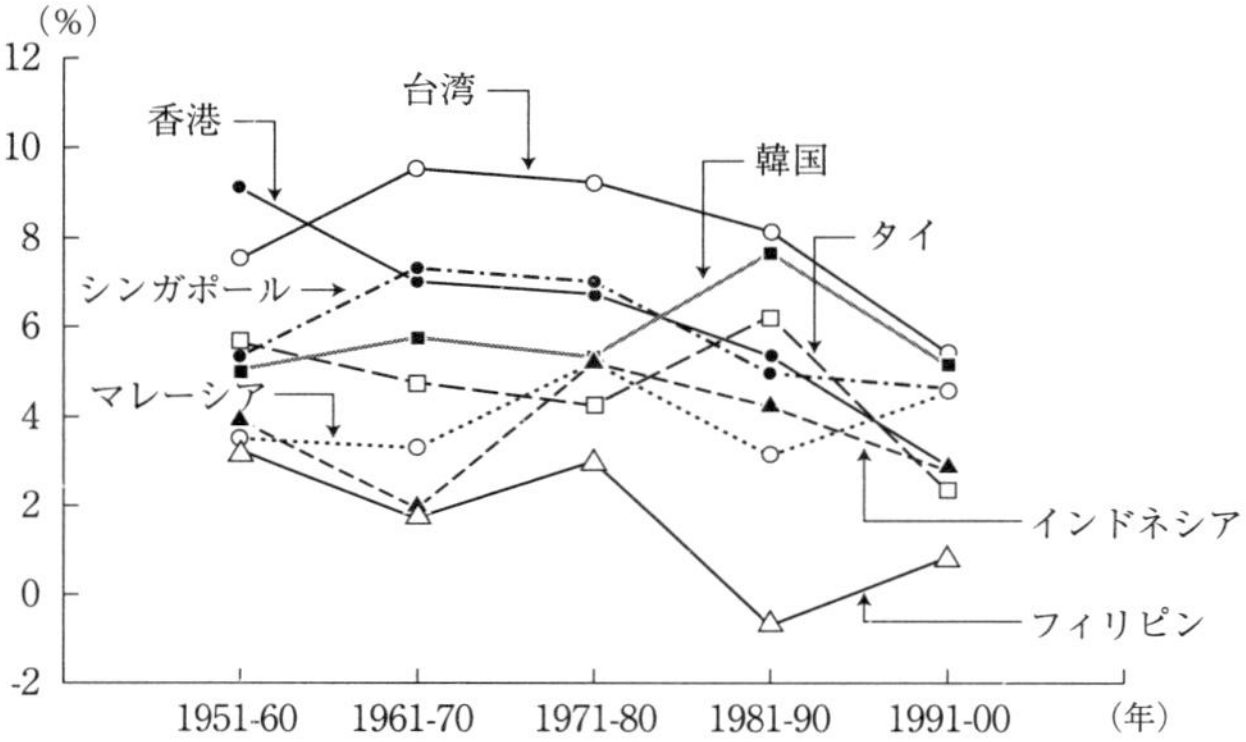

（出所）NEDA, Philippine Development Plan 2011 - 2016

ジアの奇跡――経済成長と政府の役割』と題するレポートを発表したが、この報告書の分析対象は、日本、香港、シンガポール、台湾、韓国、マレーシア、タイ、インドネシアの8か国・地域で、フィリピンは含まれていない。この事実は、フィリピンが東アジアの高度成長から取り残されていたことを如実に示している。実際のところ、世界銀行が分析対象とした国とフィリピンの経済成長はどれぐらい違ったのだろうか。

図表1-3は、NIEs（香港、韓国、シンガポール、台湾）およびASEAN主要4か国（マレーシア、タイ、インドネシア、フィリピン）を対象に、1人当たり実質GDPの伸び率を10年ごとに示している。これをみると、フィリピンの伸び率（年平均）は、1960年代が1・8%、1970年代が3・1%、1980年代

がマイナス0・6%、1990年代が0・9%と、8か国の中で一貫して最も低い。とりわけ、1980年代の伸び率は突出して低いが、これは、フィリピンが1983年に対外債務危機に見舞われたことが大きく影響している。長らく経済の低迷が続いた結果、フィリピンの1人当たりGDPは、1960年時点ではASEAN主要4か国の中で最も高かったにもかかわらず、マレーシア、タイ、インドネシアの順で、次々と追い抜かれていった。

フィリピンだけが取り残された理由

なぜ、フィリピンだけが「東アジアの奇跡」から取り残されてしまったのだろうか。裏を返すと、フィリピン以外の国は、どうやって奇跡を実現したのだろうか。その答えを探るために、まずは、「東アジアの奇跡」に関する世界銀行の分析内容を確認してみよう。

世界銀行は、『東アジアの奇跡――経済成長と政府の役割』の中で、東アジアの高度成長の基本的な原動力となったのは、国内の民間投資と人的資本の蓄積であったと総括した上で、これを可能にした要因を3点に集約している。第一に、高度成長の基盤を作るための経済政策が適切に採用された点を指摘し、具体例として、①安定的なマクロ経済政策運営、②初等・中等教育を重視した教育政策、③金融システムの安定化策、④直接投資の積極的な受け入れ策などを挙げている。第二に、特定の産業を振興するなど、政府が市場に選択的に介入し、貿易の拡大や工業化の実現を図ったことを指摘している。その上で、各種の経済政策の実行を可能とする機構の存在を第三の要因として指摘し、政治的な圧力から遮断された官僚機構が果たした役割を強調している。

要すれば、世界銀行の分析では、「東アジアの奇跡」の実現には、各国の経済政策およびその実現に不可欠な統治機構の基盤が大きく影響したことが強調されている。筆者自身も、IMFのアジア太平洋局のエコノミストとして、東アジアの経済成長に関する分析を行ってきた経験を経て、国の経済発展は、地理的な条件や天然資源の有無などで決まるのではなく、政治・経済制度のあり方が重要と考えている（もちろん、地理的な条件や天然資源などの要素も無視することはできないと思うが）。こうした文脈で、フィリピンが「東アジアの奇跡」を実現できなかった理由を考えると、主に以下の4点が指摘できるのではないか。

①資本蓄積の遅れ

政府部門による基礎的なインフラ（電力、道路、鉄道等）への投資や民間部門による設備投資を通じて、資本蓄積を進めることは、それ自体が経済成長に繋がるほか、長い目でみた経済発展の基盤を築くことにもなる。発展途上国の場合、こうした投資の拡大を実現するためには、国内部門の十分な貯蓄が不可欠な要素であると一般的には考えられている。もちろん、国内部門の貯蓄が不十分である場合は、海外からの借り入れを積極化させる選択肢があるが、経常赤字の拡大には限界があると考えると、十分な貯蓄が必要と考える方が自然であろう。

「東アジアの奇跡」を実現した国々は、世界銀行が指摘するように、「高い投資率がまず成長を加速し、成長が貯蓄を増加させ、これが高い投資率を持続させる」という形で、成長、貯蓄、投資の好循環を実現した。対照的にフィリピンは、この循環を実現することに失敗し、資本蓄積が進まなかった。具体的には、政府部門による基礎的なインフラへの投資は、税収不足もあって低水準にとどまったほか、民間部門による設備投資も、相対的に低い貯蓄率を反映して低迷した。その結果、海外からの直接投資も、隣国と比べて低調な状況が続いた。

②輸入代替から輸出振興への転換の失敗

発展途上国が工業化を進める場合、一般的には、①一次産品の輸出によって外貨を獲得し、その外貨で工業製品を輸入する、②従来は輸入していた工業製品を自国で生産する（輸入代替）、③工業製品を国内で生産し、海外へ輸出する（輸出振興）、の三つのアプローチがあると考えられる（例えば、前述した末廣昭の『キャッチアップ型工業化論』は、こうした整理を行っている）。多くの国は、時間の経過とともに、上記の①や②の段階を脱し、開放的な貿易・

投資体制を段階的に整備することで、③の輸出振興による工業化の段階に移行する。

「東アジアの奇跡」を実現した国々は、輸入代替から輸出振興への転換をスムーズに進め、鉄鋼、自動車、半導体などの製造業が経済成長のエンジンとなり、製品輸出が大きく拡大した。対照的にフィリピンでは、資本蓄積の遅れに加えて、既得権層の影響力が強かったことも影響し、輸入代替から輸出振興への移行がうまく図られなかった。その結果、半導体などの一部の分野を除けば工業化が遅れ、近隣諸国に比べると製造業が成長しなかった。

③不安定なマクロ経済環境

マクロ経済の安定は、発展途上国が高度成長を実現するための必要条件と言われることが多い。そもそも財政赤字が節度ある水準に抑制されていないと、インフレ圧力が高まりやすく、そうした環境では、民間部門が長期的な投資計画を立てることも難しいため、投資が阻害されやすい。

「東アジアの奇跡」を実現した国々は、健全なマクロ経済政策の運営を通じて、財政赤字の抑制、インフレ率の安定化、持続可能な対外債務の水準を実現した。対照的にフィリピンは、慢性的な財政赤字、高水準のインフレ率に長年悩まされ、1983年には対外債務危機を経験するなど、マクロ経済の安定を実現することができなかった。

④政府のガバナンスの欠如

汚職や腐敗が多く、政府のガバナンスがしっかりと働いていないと、それ自体が公平な社会の実現を阻害する要因となる。また、汚職や腐敗の存在は、健全な競争を妨げ、技術革新を停滞させるリスクがあるほか、海外からの投資を阻害する要因にもなる。

「東アジアの奇跡」を実現した国々は、世界銀行が指摘するように、「政治家や利益団体からの陳情を最小限にとどめつつ、政治的に策定された国家目標に合致した諸政策を立案し実施に移すための官僚機構」を整備することで、行政の執行能力を確保した。対照的にフィリピンは、①伝統的に官僚機構が脆弱《ぜいじゃく》であり、②大土地所有者が強固な既得権を有する中、汚職や腐敗が横行し、既得権に切り込むような改革もなかなか実現されなかった。

3　新たな時代の幕開け

21世紀のフィリピン

「東アジアの奇跡」を実現した国々から取り残され、長らく経済の低迷が続いたフィリピンだが、21世紀に入ってからは、様相が大きく異なっている。実際、２０００年代のフィリピ

図表１－４　ASEAN主要４か国の経済成長率

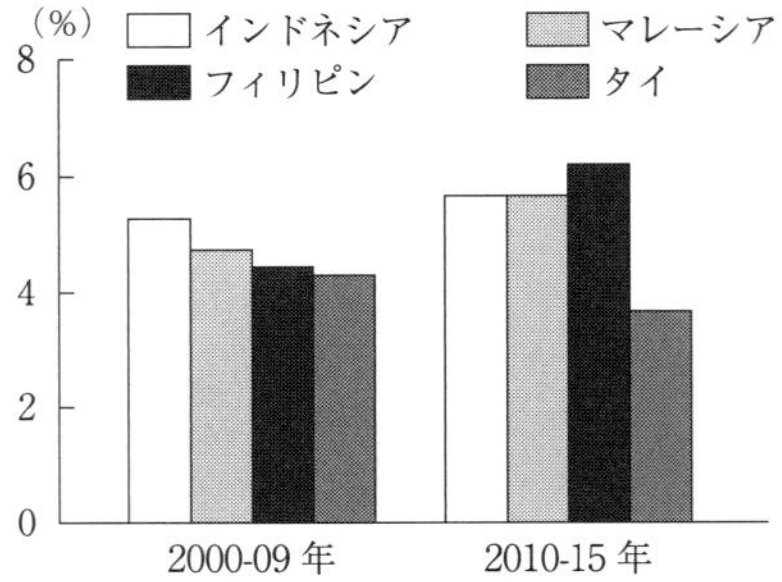

（出所）IMF, World Economic Outlook Database（2016 年10 月）

ン経済のパフォーマンスをみると、ＡＳＥＡＮ主要４か国を形成するマレーシア、タイ、インドネシアと肩を並べる形で５％弱の経済成長を実現し、経済がテイクオフした様子が分かる（図表１－４）。さらに、２０１０年以降は、平均すると６％を上回る経済成長を続けており、ＡＳＥＡＮ主要４か国の中で最も高い成長率を実現している。先行きについても、少なくとも当面は楽観的な見方が支配的であり、例えばＩＭＦは、２０２０年時点では、同国の経済成長率は７％になるとの予測を示している。

フィリピンの経済成長率が長らく低迷していたことを考えると、２０１０年以降の平均６％を上回る経済成長は、歴史的な快挙と言っていいだろう。こうしたもとで、国の経済規模を示す名目ＧＤＰは、２０００年時点の８１０億ドルから、２０１６年時点では３１１７億ドル（ＩＭＦ予測値）と約４倍になり、急速にキャッチアップしている。１人当たりＧＤＰについても、同期間に１０５５ドルから２９９１ドル（同予測値）と約３倍になっている。

先進国の長期停滞論や中国経済の減速とも無縁?

近年のフィリピン経済の成長率の高さは、2008年のリーマン・ショック以降の世界経済の回復ペースが緩慢である中で、一層際立つ。世界経済の成長率は、ここ数年は3%台前半の水準が続いており、リーマン・ショック前の2000年代半ばのレベルになかなか戻っていない。先進国の状況をみると、米国、欧州、日本がいずれも同じ状況であり、この間、各国の中央銀行が非伝統的な金融政策(大量に国債などの長期債を買い入れる量的緩和、株や社債などの資産の買い入れ等)を採用してきたにもかかわらず、経済の回復ペースは鈍い。こうした状況を捉えて、先進国経済は長期停滞に陥っているのではないか、との見方も存在する(代表的な論者は、米国の経済学者のローレン・サマーズ)。

先進国だけでなく、新興国の成長率も、全体としてみると落ち込んでいる。その最たる例が中国だ。中国経済は21世紀に入ってから、世界の工場としての地位を確立し、製造業・投資主導型の経済で大きく成長してきたが、こうした成長モデルは既に曲がり角を迎えている。近年は、サービス業・消費主導型の経済への転換が図られてはいるものの、成長ペースは鈍化している。実際、リーマン・ショック前は10%を上回っていた中国経済の成長率は、近年は7%程度まで下がっており、(経済の実力を示す)潜在成長率が大きく下がっている可能性が高い。中国とともにＢＲＩＣｓの一角を占める、ロシアやブラジルについても、経済成長率は大きく低下しており、２０００年代半ばの勢いはまったくない。

先進国、中国をはじめとする主要な新興国の経済成長のペースが鈍化するなど、外部環境が悪くなっている中で、どうしてフィリピンは高度成長を続けることができているのだろうか。近年のフィリピンの高度成長は、東アジアにおける雁行《がんこう》型の経済発展から取り残されていた同国が、遅ればせながら、「東アジアの奇跡」を実現した国々と同様、製造業・投資主導型の経済発展を遂げつつあることを意味するのだろうか。実は、近年のフィリピンは、過去のＮＩＥｓ、ＡＳＥＡＮ主要国、中国の成長パターンとは大きく異なる独自の成長モデルを確立し、そのもとで高度成長を実現している。その具体的な成長モデルについては、次章で解説することにしたい。

第2章　高度成長の源泉

1　常識とは異なる新しい経済成長のモデル

サービス業と個人消費が主導

フィリピン経済の特徴は、この国の高度成長の牽引《けんいん》役をみると一目瞭然だ。まず、GDP（国内総生産）を産業別に分類し、経済活動が、農林水産業、製造業等の鉱工業、サービス業のどの産業によって支えられているのかを確認すると、フィリピン経済は、サービス業のウエイトが60%程度と非常に高い。この間、製造業等の鉱工業のウエイトは30%程度、農林水産業のウエイトは10%程度となっている。21世紀に入ってからの産業別のGDP構成比の推移をみても、農林水産業のウエイトが低下する中、サービス業のウエイトが高まっており、サービス業が経済成長を牽引してきた格好だ。この間、製造業等の鉱工業のウエイトは、おおむね横ばいとなっており、必ずしも経済成長の牽引役となってきた訳ではない。

その意味では、フィリピンの経済成長は、製造業が主導する形で「東アジアの奇跡」を実現した東アジアの大半の国とは様相が異なる（なお、「東アジアの奇跡」を実現した国のうち、香港とシンガポールは、サービス業が経済成長の牽引役となったが、両者は国土が狭く人口も少ないことから、フィリピンと同列に語ることは適切ではないだろう）。一国の経済発展のプロセスをみると、一般的には、「農林水産業→製造業→サービス業」の順に成長の牽引役が変わっていくことが多いが、フィリピンの場合は、製造業が発展するステップを踏まずに、サービス業が主導する形で高度成長を実現しており、ユニークな存在と言える。

次に、GDPを需要項目別に分類し、経済活動が、消費、投資、輸出といった支出項目のうち何に支えられているのかを確認すると、フィリピン経済のもうひとつの特徴が浮かび上がる。フィリピン経済は、個人消費がGDP全体に占めるウエイトが70%程度と非常に高く、逆に投資のウエイトは20%程度と必ずしも高くないのだ。近年の経済成長に関しても、6%程度の成長率に対して、個人消費の寄与度は4%程度となっており、個人消費が成長を牽引している。ただし、近年は民間の設備投資や建設投資も増加しており、以前に比べると、投資も成長を支える柱になっている。

個人消費主導の経済は、民間部門の投資が牽引する形で「東アジアの奇跡」を実現した東アジアの大半の国とは様相が異なる。これに加えて、フィリピンの場合、製造業のウエイトが低いため、貿易財の輸出が経済成長に果たしている役割も、それほど大きくない。もちろん、半導体の組み立てやHDD（ハードディスクドライブ）の生産など、フィリピンが競争力を有している分野もあり、エレクトロニクス関連の輸出はフィリピン経済の重要な柱となっているが、輸出依存度（輸出総額のGDPに占める比率）は、東アジアの多くの国と比べるとかなり低い。要すれば、フィリピンは外需依存型の経済ではなく、内需主導型の経済と言える。

グローバル化とIT化をチャンスに

フィリピン独自の経済成長のモデルはどうやって実現されたのだろうか。それを解くカギは、1990年代後半以降のグローバル化とIT化の急速な進展にある。すなわち、グローバル化の進展に伴い、「ヒト・モノ・カネ」が国境を自由に越えて動きやすくなったことで、先進国に移住するハードルが低くなった。より高い賃金を求め、国内に雇用機会の乏しかった発展途上国の労働者からすると、時を同じくして、先進国の側も、高齢化の進展に伴う労働力人口の減少に直面し、海外からの移民をより積極的に受け入れる流れが広がった。この間、先進国の企業では、サプライチェーンのネットワーク（原材料等の調達から始まり、製造、在庫管理、物流、販売に至るまでの一連の流れ）を世界規模で構築し、生産効率の最適化を図る動きが一段と広まった。さらに、グローバル化と相俟《あいま》って進んだ情報技術の劇的な進歩（IT化）によって、先進国の企業では、自社の内部管理部門など業務の一部を海外に外部委託（アウトソース）し、ビジネスの効率化を追求する動きが広まった。こうしたグローバル企業の世界展開は、発展途上国の労働者にとっては雇用機会が劇的に増えたことを意味する。

グローバル化とIT化に伴う大きな環境変化は、世界の共通言語である英語を母語とする発展途上国には、新しいビジネスチャンスとなる。この点、フィリピンでは、フィリピノ語（実質的にはタガログ語）が国語となっているが、英語も公用語となっているため、国民の多くは高いレベルの英語を操る。公式な統計がないので真偽のほどは良く分からないが、フィリピンの英語人口は、インド、米国に次いで世界第3位と言われることも多い。

いずれにしても、フィリピンは、国民の高い英語力を最大限活かす形で、豊富な労働力を世界各地に輸出し、出稼ぎ労働者によるフィリピン本国への送金が旺盛な個人消費をもたらす、消費主導の成長モデルを確立した。それと同時に、国内では、グローバル化とIT化時代の新しい産業、ＢＰＯ（ビジネス・プロセス・アウトソーシング）産業を成長産業に据え、サービス業主導の成長モデルを作り上げた。

労働力の輸出という独自モデル

フィリピンは、世界有数の労働力を輸出する国であり、海外で暮らすフィリピン人の数は、１０００万人を超えている（最新の政府の発表では、２０１３年時点で１０２４万人となっており、このうち永住者は４８７万人）。これは、フィリピンの総人口の実に１割に相当する人が海外で暮らしていることを意味する。

１９９０年代後半以降のグローバル化の進行に伴い、「ヒト・モノ・カネ」が国境を越えて動く時代になったと言われて久しいが、日本の例をみると分かる通り、「モノ・カネ」に比べて、「ヒト」のグローバル化は相対的になかなか進んでいない国が多い。この点、フィリピンは、「ヒト」のグローバル化が最も進んでいる国の代表例だ。フィリピンの空の玄関であるニノイ・アキノ国際空港（この名称は、１９８３年に空港内で暗殺されたベニグノ・アキノ元上院議員、愛称ニノイにちなんでいる）に行くと、空港の館内は、海外に職を求めるフィリピン人とそれを見送る家族、一時帰国する出稼ぎ労働者と出迎えの家族でいつもごった返しており、アジアの主要都市の空港とは雰囲気がまったく違う。

図表２－１　海外労働者による送金額

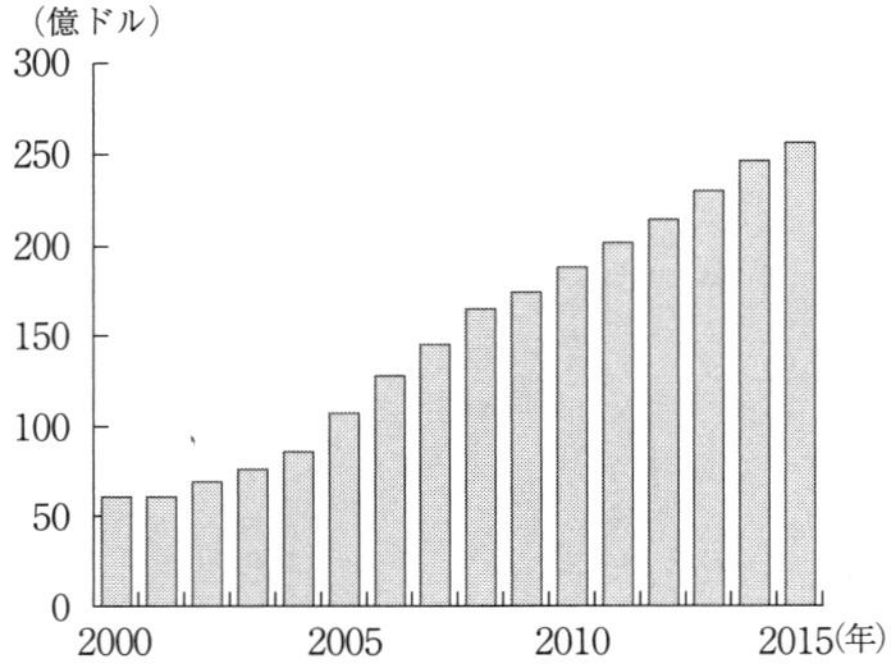

（出所）フィリピン中央銀行

図表２－２　送金額の国際比較

順位	国名	送金額（億ドル）	名目GDP対比（%）
1	インド	689	3.3
2	中国	639	0.6
3	フィリピン	285	9.8
4	メキシコ	262	2.3
5	フランス	233	1.0
6	ナイジェリア	205	4.3
7	パキスタン	193	7.2
8	エジプト	183	5.5
9	バングラデシュ	154	7.9
10	ドイツ	154	0.5

（出所）世界銀行

出稼ぎ労働者による送金額は、右肩上がりで増加が続いており、送金は、国内に残された家族の生活を支えるためになくてはならない存在となっている。送金額（フィリピン中央銀行の公表ベース）は、２００５年に年間１００億ドルを超え、２０１５年には年間約２６０億ドルに達するなど、過去最高を毎年更新しており、フィリピンの名目ＧＤＰの実に10％弱の規模に相当する（図表2－1）。世界全体を見渡しても、フィリピンの送金額は経済規模対比で際立っており、労働力の輸出は、この国独自の成長モデルとなっている（図表2－2）。

なぜ、フィリピンは世界有数の労働力の輸出国なのだろうか。その背景には、雇用の受け皿が国内に不足している中で、フィリピン政府が、海外での就労を奨励してきた事情がある。読者の方は驚くかもしれないが、フィリピンには、海外における雇用の促進などを目的とした専属の機関、海外雇用庁（ＰＯＥＡ：Philippine Overseas Employment Administration）が存在しており、その創設は１９８２年にまで遡る。海外雇用庁は、海外就労を希望する労働者に対して仕事の斡旋《あっせん》をするほか、海外のフィリピン人労働者の権利保護にも責任を持っており、就労促進のために様々なサポートを提供している。海外雇用庁以外には、海外労働福祉庁（ＯＷＷＡ：Overseas Workers Welfare Administration）も存在している。同庁は、一定の金額を支払う見返りに、海外における就労中の事故等があった場合に給付を認めるなど、保険のようなサービスを提供している。

もちろん、政策的な後押しだけでなく、世界中でフィリピン人労働者に対する引き合いが強いことも大きく影響している。引き合いの強さの最大の理由は、フィリピン人の高いレベルの英語力にあるが、それだけでなく、フィリピン人が明るく親しみやすい性格であると同時に、アジア人特有の勤勉さもある程度持ち合わせていることも、とりわけ家事労働者などのサービス業の分野ではプラスに働いている。

地域と職種の分布、送金の役割

海外フィリピン人労働者の地域分布や仕事内容はどうなっているのだろうか。地域別の送金額（2015年）をみると、まず米国からの送金が全体の30％強と、多くを占めている。次いで、サウジアラビアやアラブ首長国連邦など中東諸国からの送金が25％程度、日本を含むアジアからの送金が20％弱、欧州からの送金が15％程度と続いており、地域は適度に分散されている。地域別に仕事内容の特徴をみると、米国に関しては、一時的な出稼ぎというよりは移住しているケースも多く、高度な専門性を有した職業（代表的な例としては、医師や看護師）のウエイトが相対的に高い。一方、中東諸国に関しては、建設労働者や家事労働者など、単純労働に分類される職業のウエイトが相対的には高い。近年は、中東諸国においてフィリピン人労働者に対する引き合いが強く、同地域で働く労働者、同地域からの送金額ともに、大きく増えている。なお、日本に関しては、2008年12月に発効した日比経済連携協定の中で、日本の労働市場の一部を開放することが合意され、以来、看護師と介護福祉士の候補の受け入れが始まっている。

商船の乗組員に代表される海上労働者の比率が高いことも、海外フィリピン人労働者の特徴だ。金額ベースでは、実に約2割が海上労働者からの送金となっている。商船の乗組員は、船員の給与水準が相対的に高いこともあって、フィリピンでは憧れの職業となっている。実は、日本企業はフィリピン人の乗組員を積極的に活用しており、例えば日本郵船は、２００７年には自前の商船大学（NTMA：NYK-TDG Maritime Academy）をマニラ近郊に開校するなど、長年、フィリピン人の船員教育に力を入れている。その結果、日本郵船のグループ全体では、船員の過半をフィリピン人が占めるに至っている。

最後に、出稼ぎ労働者による送金が果たしている役割を考えてみよう。第一の役割は、送金が国内の個人消費を支え、フィリピン人の生活レベルの向上に繋がっている点だ。フィリピン中央銀行の調査によれば、送金は、食費や生活必需品の購入費、教育費、医療費、耐久消費財の購入費、住宅購入費などに使われており、まさにフィリピンの個人消費の原資となっている。第二の役割は、国際収支の観点からみると、送金が外貨獲得の重要な手段となっている点だ。フィリピンの国際収支は、輸出向けの製造業の弱さを反映して、貿易収支は恒常的な赤字構造となっているものの、所得収支は、多額の送金に支えられる形で、はっきりとした黒字となっている。この結果、近年は、経常収支の黒字が続いている。この点、東アジアの多くの国をみると、経常収支が黒字基調となっている点はフィリピンと共通するが、多くの場合は、貿易収支の黒字を主因に経常収支の黒字が実現している。その意味では、フィリピンは、国際収支の構造の面でも、東アジアの多くの国と異なっている。

BPO産業の発展

前述した通り、フィリピンでは、サービス業がGDP全体の60%程度のウエイトを占めているが、サービス業の中でとりわけ成長が著しい分野が、BPO（ビジネス・プロセス・アウトソーシング）産業だ。BPOとは、文字通り、顧客企業の業務プロセスの一部を請け負うビジネスを指す。代表的な受託業務としては、①コールセンター（カスタマーサービス）、②バックオフィス（人事、財務、会計などの企業の内部管理）、③ソフトウェア開発、④アニメーション・ゲーム制作、⑤トランスクリプション（医療記録や裁判記録のデータ化等）、⑥エンジニアリング・デザインなどがある。

情報通信技術の発展に伴い、先進国企業の間では2000年代以降、これらの業務を本国から切り離し、賃金が相対的に安い発展途上国にアウトソースすることで、ビジネスの効率化を追求する動きが急速に広まった。アウトソーシングというと、一般的にはインドをイメージする人が多いかもしれないが、フィリピンも極めて有望な国として選好されている。アウトソーシング先としてフィリピンに注目が集まる最大の理由は、英語が公用語であることに伴う、この国の英語人口の多さにある。これに加えて、労働者の賃金やオフィスの賃料が相対的に安く、コスト面の優位性があることもプラスに働いている。実際、世界のアウトソーシング都市のランキング（２０１６年）をみると、マニラ首都圏は、インドのバンガロールに次いで世界第2位となっているほか、セブも第7位と世界のトップ10に入っている。

ＢＰＯ産業の中で、フィリピンが最も強みを発揮してきた分野が、コールセンターだ。コールセンターは、ボイスを介する直接のやり取りが発生するため、高い英語力を必要とするが、この分野では、インドではなくフィリピンをアウトソーシング先として選ぶ先進国企業が増えている。実際、フィリピンは２０１０年には、コールセンターの売上高でインドを抜いて世界一となり、その後も世界一の座を守っている。米国の有名企業で言えば、マイクロソフト、ＩＢＭ、シティバンクなどが、コールセンターをフィリピンにアウトソースしている。この分野におけるフィリピンの比較優位は、フィリピン人の英語のアクセントにある。インド人は、彼らの英語を聞いたことがある人であれば馴染《なじ》み深いかもしれないが、独特のアクセントを持っている人が多い。これに対して、フィリピン人の英語のアクセントは、それほど癖がないため、彼らはある程度の訓練さえ受ければ、委託先企業が求める発音レベルに達すると言われている。

図表2-3では、２０００年代半ば以降のフィリピンにおけるＢＰＯ産業の売上高を示しているが、右肩上がりで売上高が増加していることが分かる。２０１５年の売上高は２００

図表2-3　BPO産業の成長

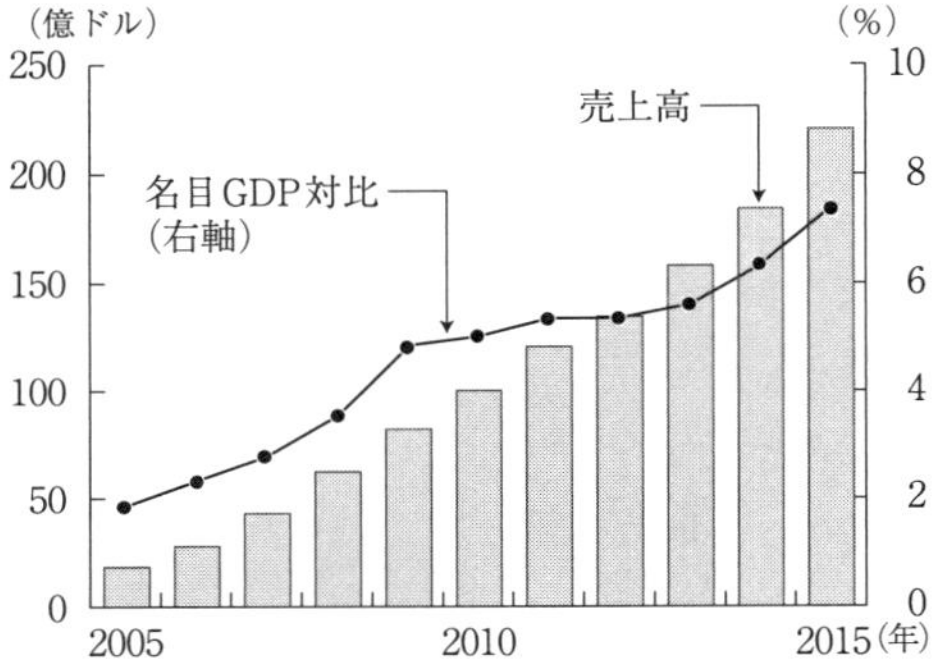

（出所）2005～13年はフィリピン中央銀行、2014～15年はフィリピン情報技術ビジネスプロセス協会

億ドルを突破するなど、2005年時点の実に10倍以上となり、この金額は、フィリピンの名目GDPの7%程度に達する。売上高の伸び率をみると、黎明《れいめい》期の2000年代半ば頃は前年比+50%程度と非常に高い伸びが続いた。その後は、さすがに増加ペースは鈍化しているが、近年でもなお前年比+10%以上の伸びが続いており、その勢いは未だ衰えていない。このままいけば、遅かれ早かれ、BPOの売上高が海外労働者からの送金額を追い抜くとみられる。

BPO産業の売上高を分野別にみると、コールセンターのウエイトが一貫して高く、近年では全体の6割強を占め、人事、財務、会計等のバックオフィス、ソフトウェア開発がそれぞれ約2割、約1割と続く。最近は、コールセンター以外の分野（例えば、アニメやゲーム開発、医療記録のデータ化等を行うトランスクリプション）の伸びが目覚ましく、業務の多様化も進んでいる。その意味では、フィリピンのBPO産業は、コールセンターに依存する一本足から、より付加価値の高い分野も含め、バランスが取れる形で発展を続けており、依然として伸びしろは大きい。

ＢＰＯ産業の売上高の増加と歩調を合わせる形で、同産業が雇用を創出する力も強まっている。ＢＰＯ産業全体の従業員数は、２０００年代半ば時点では10万人程度に過ぎなかったが、２０１５年時点では１００万人を超えており、実に10倍以上となっている。給与水準も相対的に高いことから、ＢＰＯ産業の発展は、フィリピン国内における中間所得層の拡大に確実に繫がっており、個人消費を支える大きな柱となっている。

ＢＰＯ産業の発展は、他の産業の成長を促している側面もある。例えば、不動産業は、マニラ首都圏におけるＢＰＯ関連企業の入居に伴い、オフィス需要が活況となるなど、その恩恵を受けている。このほか、コンビニ業界をみると、コールセンターの多くが24時間体制であることもあり、コンビニエンスストアがＢＰＯ関連の企業の入居オフィスに進出するなど、店舗数は拡大の一途を辿《たど》っている。なお、ＢＰＯ産業の売上高の大半は、国際収支統計上は「サービス輸出」の項目に計上されており、海外フィリピン人労働者からの送金と同様、安定的な外貨の獲得手段という観点でも重要な役割を果たしている。

トランプ政権誕生に伴うリスク

出稼ぎ労働者による送金とBPO産業の発展に支えられている、フィリピン独自の経済成長のモデルに死角はあるのだろうか。リスクを敢えて挙げるとすると、世界的に保護主義の流れが強まり、20世紀後半以降のグローバル化の流れが後退するシナリオではないだろうか。その意味で、米国におけるトランプ政権の誕生は、フィリピンの経済成長には逆風となる可能性がある。

トランプ大統領は、選挙期間中に「アメリカ人に雇用を戻す」といった趣旨の発言を繰り返しており、過度に排他的な移民政策が採られた場合には、米国で働くフィリピン人労働者にも何らかの影響が出るかもしれない(ちなみに、大統領選挙の期間中は、主としてメキシコからの不法移民への対策が念頭に置かれており、フィリピンからの移民が特別意識されていた訳ではない)。ただし、フィリピンの場合、出稼ぎ労働者による送金を地域別にみると、前述した通り、米国、中東、アジア、欧州と適度に分散されており、米国への依存度はそれほど高くない。その意味では、トランプ政権誕生によって生じ得る影響を最小限に食い止めるだけの耐性は備わっているのではないだろうか。

BPO産業も、トランプ政権の誕生によって影響を受ける可能性がある。実際、トランプ大統領は、選挙期間中に「アウトソーシングする企業には課税し、海外から仕事を戻す」といった趣旨の発言を行っており、政策次第では、米国企業によるアウトソーシングの流れが後退するリスクがある。フィリピンのBPO産業の収入元を地域別にみると（2013年のフィリピン中央銀行の調査）、米国が約70％と多くを占めており、米国企業の投資意欲が後退した場合には、一定の影響は免れないだろう。ただし、近年は、米国以外の先進国の間でも、アウトソーシング先としてフィリピンに注目する動きが広まっており、影響をある程度は相殺できるのではないだろうか。

2　人口ボーナスの恩恵と限界

人口大国の仲間入り

2016年、フィリピン政府は最新の国勢調査（2015年実施）の結果を発表し、同国の総人口は2015年8月時点で1億98万人と、1億人を突破していることを明らかにした。フィリピンの人口を巡っては、既に同国政府の人口委員会が、1分当たり3人の子供が生まれているという推計をベースに、2014年夏の時点で1億人を突破したとみられることを発表していたが、2015年の国勢調査の結果、正式に1億人の大台の達成が確認された。

過去の国勢調査の結果をみると、総人口は2000年時点では7651万人、2010年時点では９２３４万人となっており、過去15年間で実に３割以上も人口が増加した格好だ。この間の毎年の人口増加率は、２０００〜10年は平均１・９％、２０１０〜15年は平均１・72％と、２０１０年以降は増加ペースがやや鈍化しているものの、依然として高い伸びを誇っている。ちなみに、日本の総人口は、２０１０年以降は減少が続いており、２０１６年１月時点では１億２５８９万人となっている。今後も減少傾向の継続が見込まれており、フィリピンの足音は着実に迫っている。

一般的に、１億人を超えると人口大国の仲間入りと言われることが多いが、フィリピンがこれだけの人口を擁していることは、実はあまり知られていない。フィリピンの人口規模は、東アジアの中では、中国、インドネシア、日本に次いで４番目となっているほか、世界全体でも12番目に位置しており、フィリピンを人口大国と呼ぶことに異論はないだろう。

驚くべきは、フィリピンの人口増加が、今後もかなり長い期間にわたって続くとみられていることだ。国際連合が示している人口推計によれば、フィリピンの人口は、高い出生率を背景に、当面は年間約１・５％のペースで増加し、２０２５〜30年の間には日本の人口を超えると予想されている。人口の増加ペースは、時間の経過とともにさすがに鈍化するものの、それでも２０５０年には総人口は１億４８２６万人に達し、実に２０９０〜95年まで人口の増加が続くと見込まれている（２０９５年の総人口は１億６８１４万人に達すると予想されてい

図表2－4　フィリピンにおける人口動態の変化

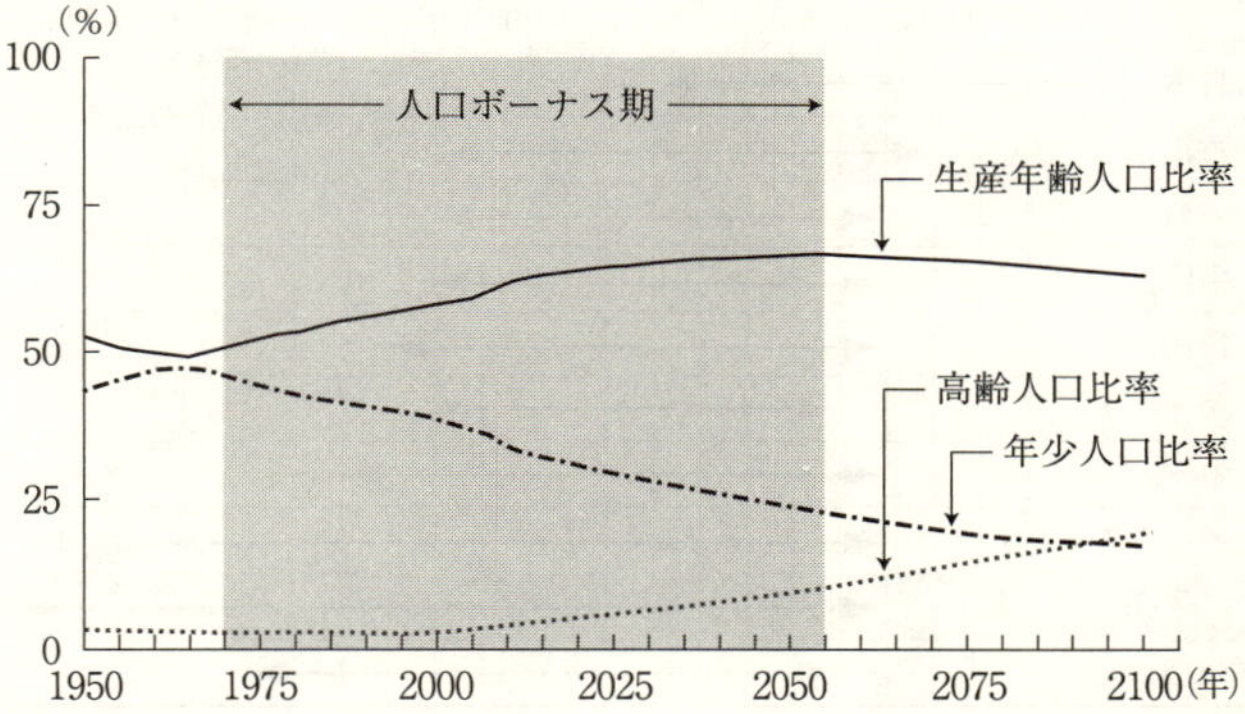

（出所）国際連合（中位推計を使用）

る）。もちろん、国際連合の人口推計は長期の予測であり、推計結果はある程度の幅を持ってみる必要はあるが、長い目でみると、フィリピンが人口大国として存在感を高めていくことは間違いない。

2050年まで続く人口ボーナス

フィリピンは、人口の絶対数が多いだけでなく、人口動態にも極めて恵まれている。国民の平均年齢は25歳程度と近隣諸国と比べて圧倒的に若く、生産年齢人口（15～64歳の人口）の総人口に占める比率が増える時期、いわゆる人口ボーナス期が2050年頃まで続くと見込まれている（図表2-4）。

人口動態の変化を捉える際は、①15歳未満の年少人口の比率、②15～64歳の生産年齢人口の比率、③65歳以上の高齢人口の比率の推移を追うことが

図表2-5　アジア各国の人口ボーナスの時期

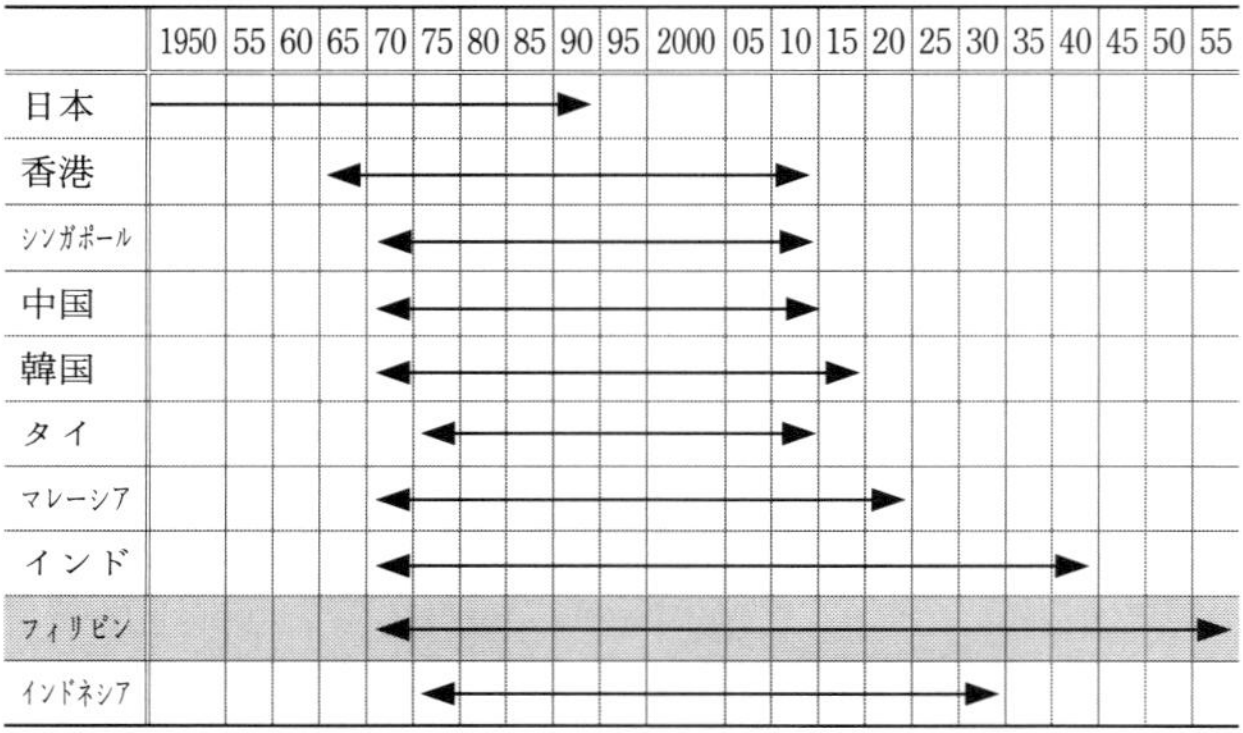

（出所）国際連合（中位推計を使用）

一般的である。フィリピンの場合、年少人口の比率は緩やかな低下トレンドが続いており、この傾向は、今後も長く続くと予想されている。この間、高齢人口の比率は一貫して低く、2050年頃になってようやく10%程度に達すると見込まれている。その結果、生産年齢人口の比率は、緩やかではあるが2050年頃まで上昇し、2050年時点では、総人口の約3分の2を生産年齢人口が占めると予想されている。

　人口ボーナスが続く期間をアジアの主要国と比較すると、フィリピンの優位性は一目瞭然だ。**図表2-5**では、各国の人口ボーナスの開始時期と終了時期を示しているが、これをみると、アジアの多くの国は、既に人口ボーナス期から人口オーナス期（生産年齢人口の総人口に占める比率が減る時期）に移行しつつあることが分かる。その筆頭は日本で、わが国は１９９０年には人口ボーナス期が終了し、１９９０年代半ば以降、人口オーナス期に突入している。ＮＩＥｓ（香港、韓国、シンガポール、台湾）、中国についても、２０１０～15年頃に人口ボーナスの時期はおおむね終了している。

ＡＳＥＡＮの主要国をみると、タイは、ＮＩＥｓや中国に近い姿となっており、人口ボーナスの時期は既に終了している。これに対して、マレーシアやインドネシアは、２０２０～30年前後まで人口ボーナス期が続くと予想されているが、それでも、人口ボーナス期が２０５０年頃まで続くと予想されるフィリピンと比べると、早いタイミングで少子高齢化が始まる。アジア経済の専門家の大泉啓一郎は、著書『老いてゆくアジア』の中で、21世紀はアジア全体で高齢化が進むとしてアジア経済の楽観論を戒めたが、フィリピンは例外的な存在で、少なくとも見通せる将来に老いることを心配する必要はない。

成長会計の考え方

一般的に、人口ボーナスの存在は経済成長にプラスに働きやすいと考えられているが、それはどうしてだろうか。その答えを探るために、まずは、経済成長の源泉を考える際に経済学で良く使われるアプローチである、成長会計の考え方を簡単に説明したい。

成長会計のアプローチは、経済成長率は、①労働力人口や労働時間に示される労働投入量の変化、②工場や機械などの資本の投入量の変化、③技術進歩に代表される生産性（TFP：Total Factor Productivity）の変化、によって決定されると考える。このアプローチの大きなメリットは、経済成長率を、労働投入量、資本投入量、生産性のそれぞれの伸び率に分解して示せることにある。つまり、一国の経済成長が、生産要素（労働や資本）の投入量の増加に依存しているのか、それとも生産性の上昇を伴ったものなのか、ということに関して答えを導いてくれる。

経済成長を持続可能なものとするためには、労働や資本の増加だけに依存するのではなく、生産性の上昇が不可欠であると考えられている。その理由は、労働や資本といった生産要素は収穫逓減の性質を持つ、言い換えると、投入すればするほどその効果が薄れていくためである。例えば、農地を耕す労働力を思い浮かべると分かりやすい。当初は、労働力を投入すればするほど生産量は増加するかもしれないが、その効果が次第に薄れていくことは、直感的にも理解できるだろう。同じように、労働や資本の増加に依存した経済成長は、いずれかのタイミングで限界に達してしまう。

なお、米国の著名な経済学者ポール・クルーグマンが、20世紀後半の東アジアの経済成長は、労働や資本の投入量の増加によってもたらされたものであり、生産性の上昇を伴っていないと主張したことは有名な話だ。クルーグマンは、「まぼろしのアジア経済」と評して、成長の持続性に懐疑的な見方を示した訳だが、同氏の分析は、基本的には成長会計のアプローチに基づいている。

経済成長に効く三つの経路

成長会計のアプローチでは、経済成長の源泉は、労働投入量の増加、資本の投入量の増加、生産性の上昇のいずれかに帰着する。人口ボーナスの存在は、この三つの成長の源泉のいずれにもプラスに働き、経済成長に繋がりやすいと考えられる。以下では、前述の大泉啓一郎が著書『老いてゆくアジア』の中で展開している議論をベースとして、人口ボーナスの存在が経済成長に繋がる経路を具体的に示していきたい。

第一の経路(パス)は、人口ボーナスの定義上自明かもしれないが、生産年齢人口の増加に伴い、労働の供給量が増える(=労働の投入量が増加する)パスである。前掲の図表2-4が示している通り、通常、人口ボーナス期は一旦始まるとかなり長い期間にわたって続く。これは、出生率が低下してから実際に生産年齢人口が減少に転じるまでには相当な時間のラグが存在するためである。もちろん、生産年齢人口が増加したとしても、それを受け止めるだけの十分な雇用の受け皿がなければ、このパスは絵に描いた餅になってしまい、労働投入量の増加は実現しない。

第二の経路は、貯蓄率が増加する結果として、投資が促進され、資本の投入量が増えるパスである。生産年齢人口の比率の増加は、（十分な雇用の受け皿があることを前提とすれば）所得を獲得する人口の比率の増加を意味し、一国全体の貯蓄率を高める方向に作用すると考えられる。とりわけ、経済が発展段階にある国の場合、インフラ投資は不可欠であり、投資の増加を可能とする貯蓄率の増加は重要な意味を持つ。第1章で概観した通り、「東アジアの奇跡」を実現した国々は、成長、貯蓄、投資の好循環を実現し、資本蓄積を急速なスピードで進めた。なお、この第二の経路は、人口ボーナス期の開始時点からずっと続くというよりは、人口ボーナス期の半ば以降に顕在化すると考えられる。これは、貯蓄率の増加は、出生率の低下がある程度継続し、養育負担の大きい年少人口の比率が相応に減少しないと実現しにくいためである。

第三の経路は、教育水準の向上に伴い、生産性が引き上げられるパスである。出生率が低下し、年少人口が減少する、もしくは年少人口の増加ペースが緩やかになれば、1人当たりの教育支出を伸ばしやすくなるため、就学率の向上や教育の質の改善を実現しやすい。そして、一国全体の教育水準が向上し、人的資本が蓄積されれば、当然のことながら生産性の上昇に繋がりやすい。生産性は、第二の経路で示した投資の促進によって引き上げられる側面もある。もちろん、投資の促進が、機械や工場などの物理的な投資だけであれば、必ずしも生産性の上昇に繋がる訳ではないが、研究開発投資の増加が実現すれば、やや長い目では生産性の上昇に繋がると考えられる。

人口ピラミッドが示唆するもの

上記の三つの経路に照らした場合、フィリピンは、人口ボーナスの恩恵を十分に受けていると言えるのだろうか。確かに、①2050年頃まで続く人口ボーナスの存在が、フィリピンの潜在力として強く認識されていることは事実だし、②生産年齢人口の増加が中間所得層の絶対数の増加に繋がり、フィリピンの消費市場としての魅力を高めていることも間違いない。その意味で、今後も長期間にわたって続くと予想される人口ボーナスの存在が、フィリピンの将来的な成長期待を高める方向で作用しており、海外からの投資の加速等を通じて、経済成長にプラスに働いている面はある。

しかし、残念ながら現時点では、フィリピンは人口ボーナスの恩恵を十分に受けているとは言えない。前述の三つの経路のうち、第一の経路は人口ボーナスの初期段階から顕在化することもあり、当然プラス面が出ているはずだが、この第一の経路でさえ、国内の雇用の受け皿拡大が積年の課題となっているフィリピンの現状を踏まえると、恩恵は限定的と言える。

実際、フィリピンの政策当局者と話すと、この国の人口の増加は、むしろ成長の足枷《あしかせ》となっ

図表2-6　典型的な人口ピラミッドの形状変化

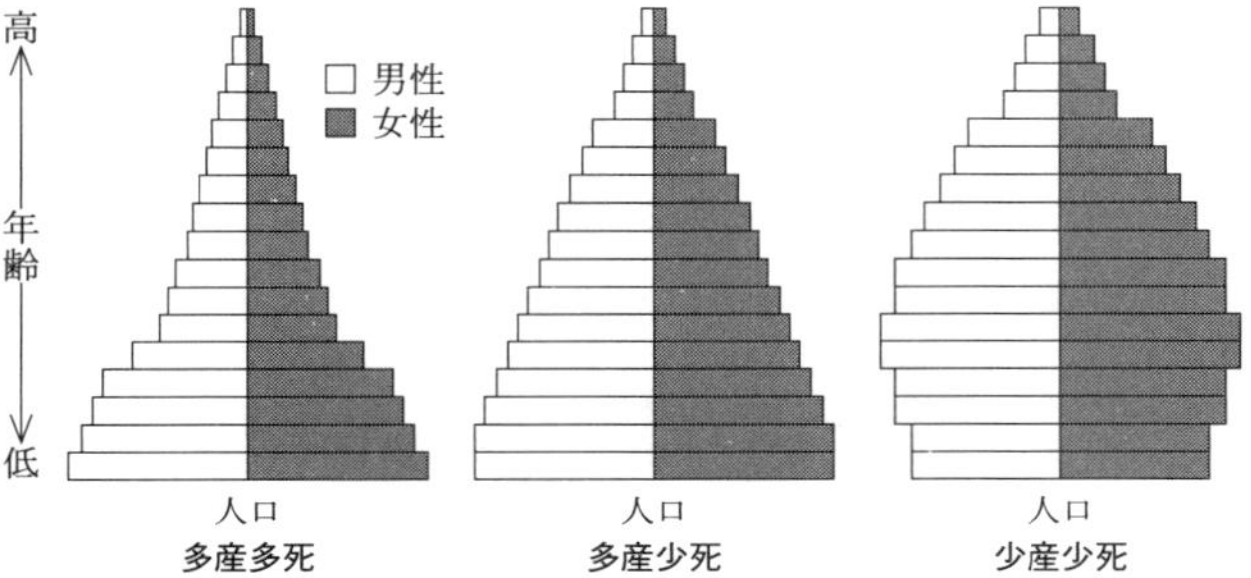

（出所）筆者作成

ている面も大きいとの声が良く聞かれる。

　フィリピンが人口ボーナスの恩恵を十分に受けている訳ではないことは、この国の人口ピラミッドをみると良く分かる。通常、発展途上国の人口構造は、「多産多死（出生率も死亡率も高い状態）」→「多産少死（出生率が高い一方、死亡率は低い状態）」→「少産少死（出生率も死亡率も低い状態）」という形で変遷を辿ることが多い。その結果、年齢層別に人口を積み上げた人口ピラミッドは、「細いピラミッド型」→「きれいなピラミッド型」→「釣鐘型」の順に形状が変わる（図表2-6）。この中で、人口ボーナスの恩恵を最も受けるのは、「釣鐘型」の人口構成の時期、言うならば、生産年齢人口の比率が大きく高まる時期である。実際、「東アジアの奇跡」を実現した国の多くは、出生率の低下をうまく実現し、高度成長を遂げた。

　一方、フィリピンの人口構成をみると、年少人口の比率が30％程度とかなり高いことから、釣鐘型にはほど遠く、依然としてきれいなピラミッド型をしている。この大きな理由としては、フィリピンが「多産少死」の段階から「少産少死」の段階になかなか入っておらず、出生率がなお高い水準にあることが挙げられる。もちろん、フィリピンの出生率（１人の女性が一生に産む子供の数の平均）は、時間の経過とともに緩やかに低下しているが（１９８０年：５・18→１９９０年：４・32→２０００年：３・81→２０１０年：３・15）、アジアの主要国と比べると一貫して高い。

フィリピンの出生率が高い理由としては、カトリック教徒が総人口の８割程度を占める同国固有の事情が大きく影響していると言われることも多い。フィリピンでは、政治的に大きな力を持っているカトリック教会が、人口中絶のみならず避妊も認めない立場を伝統的に採っており、こうした事情が、同国の相対的に高い出生率の一因とみられる。人口構成が「少産少死」の段階に進まず、人口ピラミッドが「釣鐘型」に移行しない状況のもとでは、人口ボーナスが経済成長にプラスに働く三つの経路のうち、第二の経路（貯蓄率が増加する結果として、投資が促進され、資本の投入量が増えるパス）や第三の経路（教育水準の向上に伴い、生産性が引き上げられるパス）は、なかなか顕在化しにくいのが現実であろう。

出生率の抑制の重要性

フィリピンが人口ボーナスの恩恵を十分に受けるためには、出生率の低下を継続させることが必要不可欠となる。その意味で、アキノ大統領（ベニグノ・アキノ3世、父は元上院議員、母は元大統領）のもとで２０１２年に成立した人口抑制法（The Responsible Parenthood and Reproductive Health Act of 2012）は、そうした方向に向けての重要な一歩と位置付けられる（同法案は、２０１２年12月に上下両院で可決され、２０１３年1月から施行されたもの）。

フィリピン政府は、自国の人口増加ペースが速過ぎるとの問題意識のもと、長らく人口抑制策の導入を検討していたが、大きな政治的な力を有するカトリック教会の反発から、その実現が困難であったという歴史的な経緯がある。こうした中にあって、アキノ政権は、国民の高い支持率を政治的資本として、カトリック教会の強硬な反発を押し切る形で、人口抑制法を成立させることに成功した。同法の内容は、①貧困層に対する避妊具の配布、②学校における性教育の推進など、あくまで穏当なものであり、対策としては十分とは言えないかもしれないが、フィリピン政府が人口抑制策の導入に本格的に乗り出したことは、評価できよう。２０１６年6月に誕生したドゥテルテ政権の経済政策の詳細は後述するが、大方針として掲げられた10項目の経済政策の中には、人口抑制法の徹底も含まれており、アキノ政権の考え方が受け継がれている。

いずれにしても、「人口ボーナス期の存在が必ず高度成長をもたらす」という1対1の対応関係はない。実際、前掲図表2-4によれば、フィリピンの人口ボーナス期は1970年代以降ずっと続いていた訳だが、少なくとも21世紀以前は、人口ボーナスの存在をもって経済成長が促進されたという形跡はない。従って、フィリピンは、自身の人口動態の強みを実際に経済成長に繋げられるよう、各種の経済政策を実行していくことが不可欠である。第一に、アジアの主要国の中で相対的に高い出生率を継続的に低下させることが重要となる。この点、中国がかつて採用した一人っ子政策に類似した政策は、人口動態に急激な変化を生じさせてしまい、人口オーナス期の開始時期も早めることになる。そのため、急激な低下というよりは、継続的な低下の実現の方が有効であろう。第二に、増加する生産年齢人口に対して、十分な雇用機会を国内に提供することも、極めて重要な課題だ。後者の具体的な施策については、第3章「飛躍を継続するための課題」で考えることにしたい。

3　マクロ経済・政治の安定

経済安定化策の結実

フィリピンの成長ストーリーを語る場合、①高い英語力に支えられた、出稼ぎ労働者の存在とBPO産業の発展、②長い目でみたこの国の潜在力を示す人口ボーナスの存在、が強調されることが多い。実際、本章もそうした順番で議論を進めてきたが、近年のフィリピン経済の高度成長の要因をこれだけで語ってしまうと、十分ではない。実は、経済成長の大前提として、2001～10年のアロヨ政権の時代から取り組まれてきたマクロ経済の安定化策が、長い年月をかけて着実に実を結んでいることは、強調してもし過ぎることはない。実際、フィリピンのマクロ経済環境は、2000年代半ば以降、大きく改善しており、その成果は、①財政の健全化、②インフレ率の安定化、③国際収支の改善と外貨準備高の増加などに表れている。また、マクロ経済環境の改善に加えて、2010～16年のアキノ政権の時代に政治の安定が図られ、「政情不安が頻発するフィリピン」というイメージが薄れたことも大きい。

2016年6月に誕生したドゥテルテ政権についても、本書の執筆段階では高い支持率を有しており、今のところ政権基盤は安定している。ただし、同政権は麻薬撲滅を掲げており、就任半年で麻薬犯罪の容疑者を数千人規模で殺害するなど、物議を醸しているのも事実である。また、外交面では、大統領自ら、フィリピンの長年の同盟国である米国との決別を宣言するなど（この発言は事後に一旦は訂正されたが）、その言動が大きな波紋を呼んでいる。その意味で、ドゥテルテ政権の6年間が政治的に本当に安定するのかという点は予断を許さない（麻薬犯罪者の殺害や外交の問題に関しては、本書の後半で検討を加えたい）。

図表2-7　公的債務残高

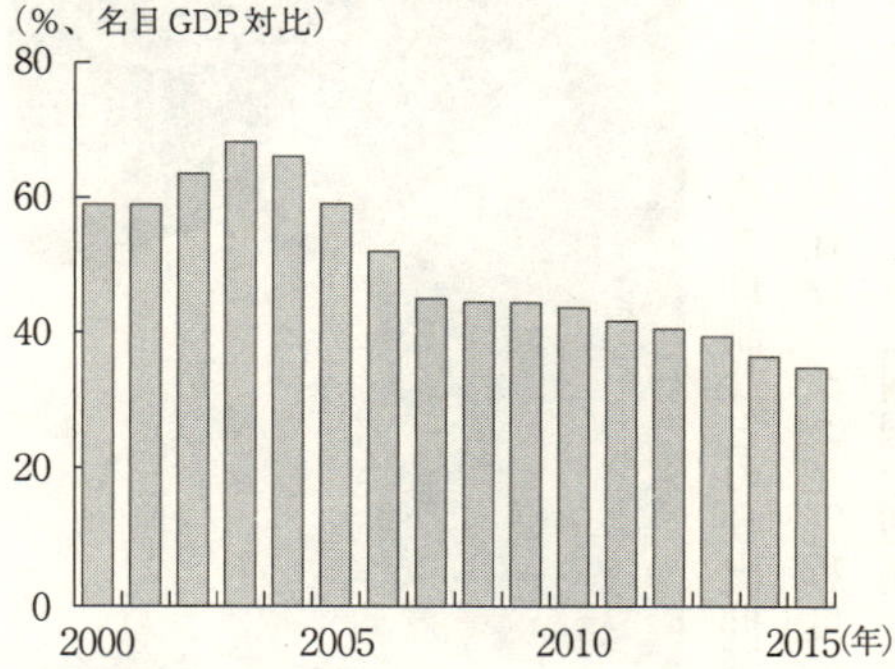

（出所）IMF, World Economic Outlook Database（2016年10月）

アロヨ政権に始まる財政健全化

フィリピンの財政は、長らく慢性的な赤字体質が続き、結果として公的債務の規模は、2000年代前半には名目GDP対比で70%弱の水準に達するなど、近隣諸国と比べて相対的に大きかった（図表2-7）。赤字体質が続いていた背景としては、①脱税が横行するなど徴税機能が弱く、税収不足が深刻であったこと（この問題は、現在も未解決のままだが）、②多額の公的債務の存在により、利払い費の負担が柔軟な財政運営を難しくしていたこと、などを指摘できる。歴史を振り返っても、フィリピンは、1983年に対外債務危機に見舞われ、対外債務の支払猶予を要請せざるを得なくなるなど、財政状況の悪さは長らく経済発展のボトルネックとなっていた。

フィリピンの財政状況は、IMFの金融支援プログラムのもと、1990年代の後半に一時的に健全

グロリア・アロヨ（2001年5月）

化の方向に進むこともあったが、財政健全化への道筋が明確になったのは、２００１年に成立したアロヨ政権下である。政界入りする前は経済学者であったアロヨは、財政再建を最重要課題と位置付け、財政収支の均衡を目指す方向に大きく舵を切った。具体的には、歳入拡大策として、日本の消費税に相当する付加価値税を10%から12%に引き上げたほか、脱税の摘発強化などにも取り組んだ。同時に、インフラ投資の抑制などの歳出抑制策も採用し、２００８年の段階では、財政収支の赤字は名目ＧＤＰ対比マイナス１%程度の水準まで削減された。筆者がＩＭＦのフィリピン担当のエコノミストとして同国を訪問し、当時のアロヨ政権のテベス財務大臣と面談した際も、大臣が財政健全化への確固たる意志を強く示していたことは記憶に新しい。

財政健全化に向けた取り組みは、２００９年に、リーマン・ショックへの対応として景気対策が打たれたことから、一旦は後退したが、２０１０〜16年のアキノ政権下でも継続された。具体的には、歳入庁の徴税能力の強化や、税関の汚職問題への取り組みが進められたほか、税制面では、2013年から酒・たばこ増税法が施行された。この結果、近年は、名目GDPの伸びを上回るペースで税収が増加しており、歳入の名目GDP比は、2010年の16%台をボトムに、2015年には19%台まで上昇している（ただし、近隣諸国と比べると依然として低い水準ではある）。

これらの取り組みの結果、フィリピンの財政赤字は節度ある水準に抑制され、公的債務の名目GDP比も、2010年時点の55%程度から2015年時点では45%程度と大きく改善している。財政健全化の動きは、米国の格付機関にも高く評価されており、ムーディーズ、S&Pともに、同国の格付を投資適格級であるトリプルBクラスにまで引き上げている。フィリピンの格付が、長年にわたってダブルB以下の投資不適格級であったことを思うと、近年の財政状況の改善振りには隔世の感がある。

中央銀行の存在感

財政の健全化と並んで、インフレ率の安定化も、近年のフィリピン経済の高度成長の基盤となっている。その最大の功労者は、フィリピン中央銀行であろう。現在のフィリピン中央銀行（BSP：Bangko Sentral ng Pilipinas）は、1993年に制定された新しい中央銀行法のもと、旧中央銀行の業務を引き継ぐ形で設立されたが、その際には、政府からの独立性が高

図表２－８　インフレ率の推移

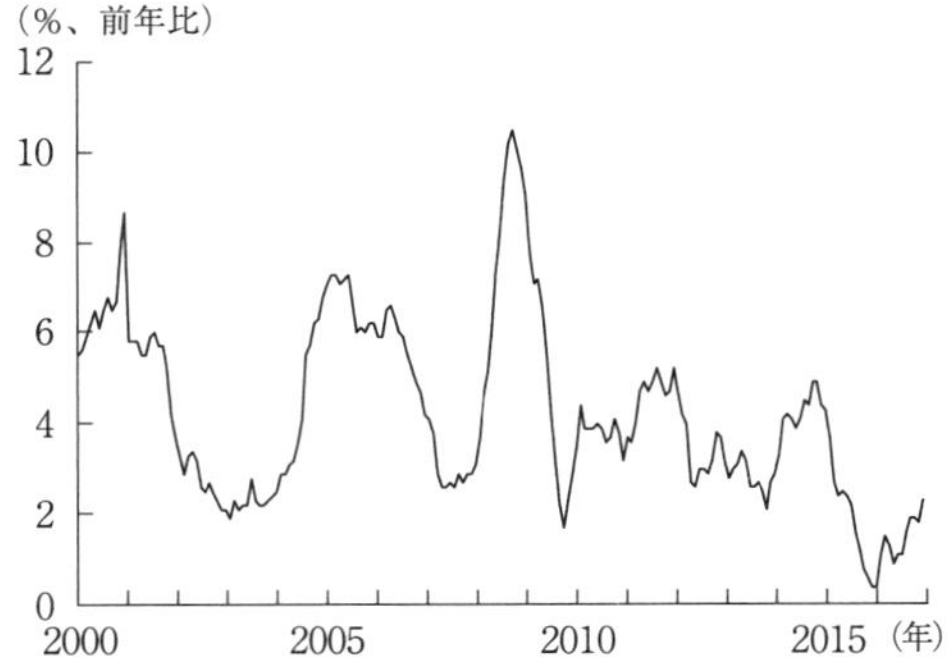

（出所）Bangko Sentral ng Pilipinas

められた。それ以前の１９６５～86年のマルコス政権期には、旧中央銀行は開発金融の役割も担っており、財政政策との棲《す》み分けが曖昧であったほか、金融政策を決定する委員の多くは、大統領が任命する閣僚が兼任していた。このため、物価の安定の実現には、政府から独立した中央銀行の存在が必要との声が強まり、１９９３年に新たな中央銀行法が制定されたのである。

２００２年にはインフレ目標制度が導入され、物価の安定を実現すべく、金融政策が運営されている。インフレの目標値は毎年設定され、その目標値を中心に一定の幅を設ける標準的な運用となっている。近年の物価動向をみると、インフレ率は目標の範囲内でおおむね推移しており、過去に比べると低位な水準で安定している（図表2-8）。フィリピン中央銀行は、金融政策以外にも、銀行の規制・監督（対象は、銀行および預金を取り扱うノンバンク）、外貨準備の管理、為替政策など、幅広い権能を有し、支店も含めると総勢５

000人程度を擁する巨大な機関だ。日本で言えば、日本銀行、金融庁の大部分、財務省の国際局を足したような権能を持っており、まさに経済政策の司令塔的な役割を果たしている。

この強大な権限を有する中央銀行を長年率いているのが、アマンド・テタンコ総裁だ。テタンコは、1974年にフィリピン中央銀行に入り、セントラルバンカーとしてキャリアを重ね、アロヨ政権下の2005年に総裁に就任した人物だ。2010〜16年のアキノ政権下でも再任され、歴代政権からの信任も厚かった。現在の任期は2017年6月で切れるため、ドゥテルテ政権のもとで誰にバトンが引き継がれるのかという点は、市場参加者の注目の的となっている。フィリピンのエリートのバックグラウンドをみると、米国留学経験者が多いが、テタンコもその例に漏れず、ウィスコンシン大学で公共政策学の修士号を取得している。

テタンコ総裁のもと、フィリピン中央銀行は、金融政策運営面では安定的なインフレ率と高度成長を両立させている。また、銀行監督面では、銀行部門の不良債権比率は2%程度と低位安定するなど、金融システムの安定も実現しており、同氏の功績は大きい。こうした中、米系の金融誌（グローバル・ファイナンス）は、2011年から6年連続で、テタンコ総裁を世界最優秀の中央銀行総裁の1人に選出しており、その実績を高く評価している。

余談ではあるが、筆者は、IMFのアジア太平洋局に在籍していた当時、フィリピン担当のエコノミストとして、同国を幾度となく訪問する機会があり、中央銀行の幹部のレベルは総じて高かったという印象を持っている。中央銀行の幹部とは、フィリピンを訪問するたびに経済・金融情勢に関して様々な意見交換を行ったが、テタンコ総裁はもちろん、ディワ副総裁、ネストル副総裁も、セントラルバンカーとしての矜持《きょうじ》と聡明さを持ち合わせていたと記憶している。

経常収支の改善と外貨準備高の増加

マクロ経済環境という意味では、経常収支（海外とのモノの輸出入の差額、サービスの受払の差額、投資収益の受払の差額などの合計を示す）の改善にも簡単に触れておきたい。前述した通り、海外への出稼ぎ労働者による送金やＢＰＯ産業は、フィリピンの経済成長に繋がっているだけでなく、国際収支上は重要な外貨獲得手段となっている。実際、フィリピンでは、ひと昔前までは経常収支の赤字体質が続いていたが、２００３年には経常収支が黒字化し、それ以降は安定的に黒字を維持している。２０１５年時点では、（モノの輸出入の差額を示す）貿易収支の赤字は未だに続いているものの、経常収支はＧＤＰ対比３％程度の黒字となっている。

こうした中で、外貨準備高も増加傾向にあり、近年では８００億ドル以上に上っている。これは、約15か月分の輸入の金額に相当し、海外発の経済・金融ショックに対して、フィリピン経済の耐性が強くなっていることを意味する。海外発のショックを起点として、投資家のリスク回避姿勢が高まり、新興国から資金流出が生じる際は、経済のファンダメンタルズが脆弱な国、とりわけ海外からの借り入れに依存しているという意味で経常収支の赤字国が狙い撃ちにされることが多い。この点、フィリピンは相対的にその可能性が低い国と言える。

政治と治安の安定――アキノ政権の功績

２０００年代半ば以降のマクロ経済環境の改善に加えて、２０１０～16年のアキノ政権のもとで政治の安定が図られたことも、フィリピンの経済成長の素地を作った。ベニグノ・アキノ３世前大統領は、汚職・腐敗の撲滅を掲げ、ガバナンスの向上を最重要課題として取り組み、具体的には、公的資金管理の透明性の向上などを実行した。こうした対策がある程度功を奏したこともあり、国際ＮＧＯが世界各国の政府や公務員の腐敗度合いをスコア化した上で、順位付けしている腐敗認識指数（Corruption Perception Index）をみると、２０１０年の段階では１７５か国中１３４位だったフィリピンの順位は、２０１５年には95位まで上昇し、大きく改善した。

こうした中、アキノ政権の6年間は、アロヨ政権期にあったクーデター未遂事件も発生せず、過去の政権と比べると、相対的には高い支持率を維持することに成功した。マルコス独裁政権打倒後の歴代政権の支持率の推移をみると、フィリピンでは、政権発足直後は高い支持率を得たとしても、時間の経過とともに支持率が大きく低下することが多い。その意味で、アキノ政権が高い支持率を維持したことは、フィリピンの政治史上も特筆すべきことであった。こうした政治の安定が、政治的資本の蓄積を促し、フィリピンに対する海外からの信認の向上に繋がったと言える。文脈こそ違うが、2012年末に誕生した安倍政権が高い支持率を背景に政治的資本を蓄積し、その結果、海外投資家の日本に対する見方が大きく変わったのと似たような構図だ。

ベニグノ・アキノ3世（2010年10月）

政治の安定と並ぶ、アキノ政権のもうひとつの大きな功績は、治安の安定だ。とりわけ、アキノ政権が、フィリピン南部のミンダナオ島のイスラム勢力との間で和平合意に至った事実は過小評価されるべきではない。ミンダナオ島の反政府組織モロ・イスラム解放戦線は、独立を求めて長い間フィリピン政府と対立し、この地域の治安の悪化に繋がっていた。その結果、ミンダナオ島は、石油、天然ガス、ニッケル、金などの天然資源に恵まれているにもかかわらず、国内外の企業が進出に二の足を踏む地域となり、経済開発が遅れていた。

しかし、アキノ政権は２０１２年10月、紛争が続いていたモロ・イスラム解放戦線との間で和平に向けた枠組みに合意し、２０１４年３月には和平協定を締結した。残念ながら、アキノ政権下では、イスラム自治政府の樹立に関する法案は成立しなかったが、一連の和平に向けた取り組みは、同地域における治安の安定に大きく貢献しており、ミンダナオの経済にも好影響を与え始めている。例えば、フィリピンの経済成長率に対する地域別の寄与度を、北部のルソン島、中部のビサヤ諸島、南部のミンダナオ島に分けてみると、一貫してルソン島の寄与度が大半を占める構図に変わりはないものの、近年は、ミンダナオ島の成長率も高まっており、フィリピン全土の経済成長率に対する寄与度も拡大傾向にある。

２０１６年６月に就任したドゥテルテ大統領は、ミンダナオ島出身ということもあり、モロ・イスラム解放戦線との和平プロセスを進めるとともに、ミンダナオ島の経済開発にも注力する方針を打ち出している。こうした中、フィリピンの主要な財閥がミンダナオ島の開発案件に積極的に乗り出していることを踏まえると、この地域が一段と成長する蓋然《がいぜん》性は高いだろう。

なお残る課題

以上のように、アキノ政権の6年間は、汚職・腐敗の問題や治安の安定に関して一定の成果を挙げた。それでも、課題はなお多いというのが現実だ。汚職・腐敗に関して言えば、例えば2013年には、優先開発支援資金（PDAF：Priority Development Assistance Fund）を巡り、上院議員の流用疑惑が発生した。また、国民の身近なところでは、ニノイ・アキノ国際空港における手荷物検査時に、出稼ぎ労働者のバッグに銃弾が入れられ、職員に賄賂を要求されたといった事件が報じられるなど、汚職・腐敗の根絶に向けた道のりは険しい。治安に関しても、殺人・強盗などの凶悪犯罪は、日本のスタンダードと比較すると依然として多く、麻薬犯罪も後を絶たなかった（ただし、少なくともビジネス街にいる限りは、こうした凶悪犯罪や麻薬犯罪の影を感じることはほとんどないことを強調しておきたい）。

そうであるからこそ、フィリピン国民は、2016年5月の大統領選挙において、アキノ路線の継承を訴えていたマニュエル・ロハス候補（アキノ政権下の内務・自治相）やグレース・ポー候補（上院議員）ではなく、歯に衣着せぬ発言で犯罪や汚職の取り締まりの強化を主張した、フィリピンのダーティハリーことドゥテルテ候補に大きな変化を期待し、票を入れた。ドゥテルテ大統領選出の背景等については後述するが、いずれにしても、ドゥテルテ政権のもとで、犯罪や汚職の撲滅に向けた取り組みがしっかりと進み、フィリピンの政治の安定が継続するかどうかは、フィリピンが高度成長を続けていく上で重要なポイントとなる。

第3章　飛躍を継続するための課題

1　国民に広く行き渡る経済成長の実現

フィリピン経済は、グローバル化やIT化の恩恵を受ける形で、従来の東アジアの国とは異なる独自の経済成長のモデルを作り上げており、人口動態の面でも、長期にわたって人口ボーナスのメリットを享受する可能性が高い。マクロ経済環境も、過去に比べると大きく改善しており、海外発の経済・金融ショックに対する耐性も強くなっている。これだけ聞くと、フィリピン経済は盤石であるかのような印象を持ってしまうが、近年の高度成長を長期にわたって継続する上では、克服すべき課題が多いのも事実だ。

国内の雇用の現実

20世紀後半に「東アジアの奇跡」を実現した国の多くは、長期にわたって高度成長を実現すると同時に、成長の果実を国民全体に広く行き渡らせることで、所得格差の是正にもある程度成功した。他方、近年のフィリピン経済は、確かに高度成長は実現しているものの、成長の果実は必ずしも国民全体に広く行き渡っている訳ではない。この事実を確認するために、まずはフィリピン国内の雇用の実態を確認してみよう。

フィリピンの失業率は、高い経済成長率に支えられて、緩やかな低下傾向が続いており、最近は5～6％台となっている。もっとも、失業率の水準は、近隣諸国と比べると依然としてやや高い状況に変わりはない。一般的に、経済成長率と失業率には、「成長率が高い時には失業率は低くなり、成長率が低い時には失業率が高くなる」という負の相関関係がある。こうした関係は、経済学の教科書ではオークンの法則と呼ばれるが、フィリピンの場合、国内に十分な雇用が誘発されなかったため、少なくとも過去においては両者の相関はあまり強くなかった。

また、フィリピンの場合、「狭義の失業率だけに着目していては雇用を取り巻く真の姿は分からない」という事実にも注意が必要だ。実は、フィリピンでは、準失業者（完全に失業している訳ではないものの、本人の希望と比べて十分な時間働くことができていない就業者を指し、英語では「underemployment」という単語が用いられている）と呼ばれる層が多く、失業者と準失業者を合算した広義の失業率は、20％を上回っている。国内の労働力人口のうち、実に５人に１人が十分に雇用されていないという現実は、かなりショッキングな状況と言わざるを得ない。いずれにしても、国内の雇用の現実を直視すると、フィリピン経済にとって、雇用の創出が喫緊の課題であることが分かる。

根深い貧困と所得格差

十分な雇用が生み出されていない結果、フィリピンは、多くの貧困層を抱えるという構造的な問題を抱えている。実際、貧困率（フィリピン政府が定めた貧困水準に満たない収入の人口の割合）をみると、実に25％程度に上っている（図表3-1）。この比率は、近年は緩やかな低下傾向を辿ってはいるものの、近隣諸国と比べると、水準はかなり高いままとなっている。

貧困率の数字だけでなく、所得格差も大きな問題となっている。所得格差を示す代表的な指標のジニ係数をみると、フィリピンの数字は40％を上回っている（一般的に、ジニ係数が40％を超えると、その国では貧富の差が相当大きいと見做される）。近隣諸国と比較すると、フィリピンのジニ係数は、マレーシアに次いで高い（図表3-2）。マレーシアの場合は、民族

図表３－１　貧困率の比較

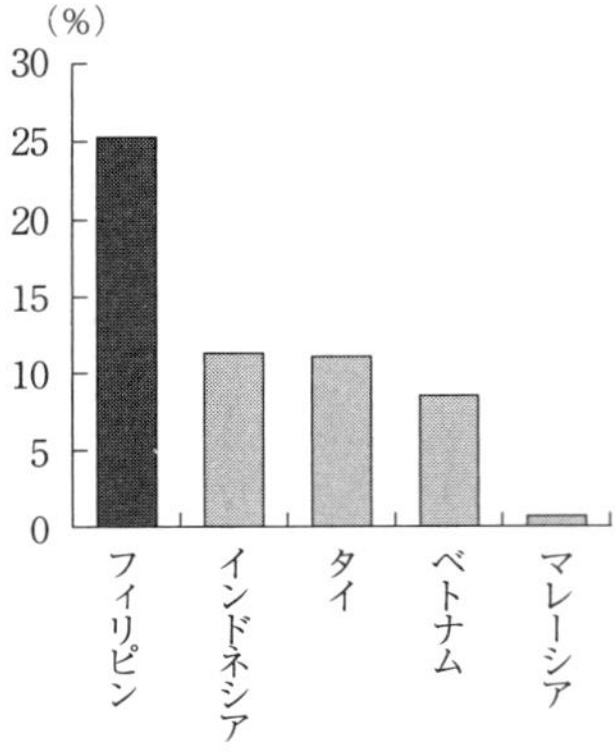

（注）各国が定める貧困水準に満たない収入の人口の割合
（出所）アジア開発銀行

図表３－２　ジニ係数の比較

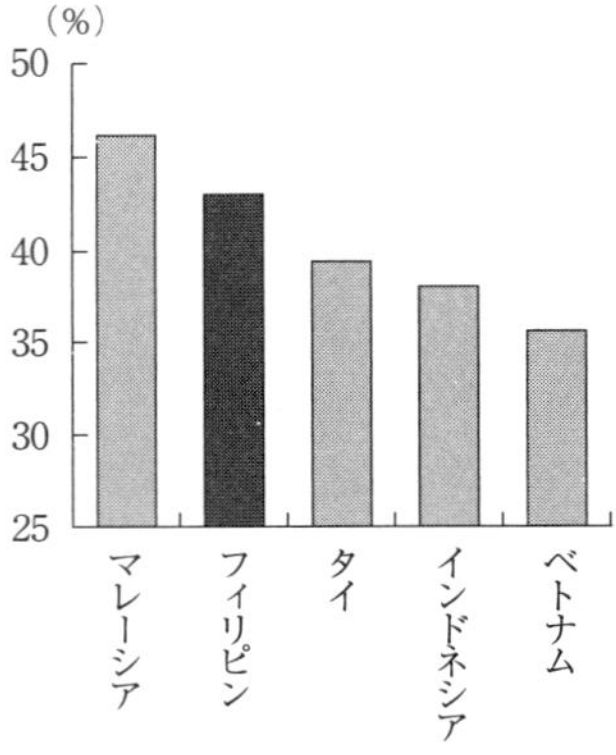

（注）2005～13年の期間のジニ係数
（出所）国連開発計画

間の所得格差の存在がジニ係数の高さに繋がっているが、フィリピンの場合は、財閥や大土地所有者に代表される富裕層と貧困層の所得格差が存在し、これが半ば固定化されてしまっていることに問題がある。この問題の根源については、第4章「植民地時代の負の遺産――分断社会はいかに生まれたか」で考えていきたい。

　フィリピンでは、地域間の所得格差も深刻な問題となっている。フィリピンの場合、マニラ首都圏への一極集中が進む形で経済発展が続いてきたが、この間、地方圏は取り残され、とりわけ南部のミンダナオ島の経済発展は大きく遅れている。地域別の１人当たりＧＤＰ（２０１４年時点）をみると、マニラ首都圏では８０００ドルを超える水準となっている一方、この数値が最小のムスリム・ミンダナオ自治区では700ドル以下となっており、実に10倍以上の開きがある。もちろん、ミンダナオの場合は、反政府組織モロ・イスラム解放戦線が長らくフィリピン政府と対立し、治安が悪化したという特別の事情はあるが、いずれにしても、国土の均衡ある発展が実現しているとは到底言えない。

製造業の育成の必要性

フィリピンのGDPの産業別構成比をみると、農林水産業が約10%、製造業等の鉱工業が約30%、サービス業が約60%となっているが、就業者数の構成比は、農林水産業が約30%、鉱工業が約15%、サービス業が約55%となっている。これらの数字をみれば一目瞭然だが、①農林水産業は、GDPでは10%のウエイトしかないにもかかわらず、国全体の30%の就業者を抱えている、②雇用誘発力が大きいと言われる鉱工業部門は、農業部門よりも少ない数の就業者しか抱えていない、という事実にフィリピンの雇用問題の本質がある。農業部門の就業者の多さは、もちろんこの国の農業の生産性の低さを示している面もあるが、製造業の育成が十分になされてこなかった結果、農業部門の過剰な就業者が吸収されていない現実を映し出す。

前述した通り、サービス業の果たす役割が大きいことはフィリピン経済の特徴であり、グローバル化やIT化の時代には、そのこと自体が大きなアドバンテージとなっていることは間違いない。ただし、国内に十分な雇用を創出し、国土の均衡ある発展を実現していくためには、サービス業を軸にしつつも、やはりある程度は製造業を育成していくことが不可欠となろう。仮に、米国におけるトランプ政権の誕生が、出稼ぎ労働者による送金とBPO産業を柱とするフィリピン独自の経済成長のモデルに逆風となるのであれば、製造業の育成はより喫緊の課題となる。

一般的に、製造業は裾野産業を多く持つと言われており、雇用創出の波及効果が生まれやすい。例えば、自動車産業を例にすると、トヨタなどの大手自動車メーカーの傘下には、自動車部品等を製造する数多くの下請け企業が存在しており、産業全体としての雇用創出の力は計り知れない。

2　立ち遅れるインフラ整備

製造業への弊害と災害リスク

製造業を育成するための必要条件となるのは、なんと言ってもインフラの整備だ。フィリピンは、道路、鉄道、港湾、空港、電力といった基礎的なインフラの整備が決定的に遅れて

図表3-3　インフラの質（7点満点で評価）

	インフラ全体	道路	鉄道	港湾	空港	電力供給
インドネシア	3.8	3.9	3.8	3.9	4.5	4.2
マレーシア	5.5	5.5	5.1	5.4	5.7	5.8
フィリピン	3.0	3.1	2.0	2.9	3.2	4.0
タイ	4.0	4.2	2.5	4.2	5.0	5.1
ベトナム	3.6	3.5	3.1	3.8	4.1	4.4
5か国平均	4.0	4.0	3.3	4.0	4.5	4.7

（出所）World Economic Forum

おり、整備状況は、近隣諸国と比較しても大きく見劣りする。実際、世界経済フォーラムが毎年行っている「国際競争力報告」によると、2016年時点のフィリピンの公共インフラの質は、対象138か国中95位と、非常に低い順位となっている。また、個々のインフラの質に対する評価をみても、フィリピンの点数は、全体としてASEAN主要国に見劣りしている（**図表3-3**）。

もちろん、インフラ投資の拡大は、フィリピンだけの課題ではなく、東アジアの多くの国に共通する政策テーマとなっている。例えば、アジア開発銀行は、2010~20年までの10年間で、アジアでは総額8兆ドルのインフラ投資需要があり、電力関連で約4兆ドル、交通網整備関連で約2・5兆ドルの投資が必要との試算結果を示している。中国によるアジアインフラ投資銀行（AIIB）の発足（2015年末）は、米国主導のIMF・世界銀行を軸とするブレトンウッズ体制とは異なる国際金融秩序を目指すという、中国政府の大きな野望が動機となっていることは否定できないが、その大前提として、アジアにおけるインフラ投資の潜在的な需要が存在するという現実がある。だからこそ、東アジア

図表３−４　東南アジア主要都市の一般用電力料金

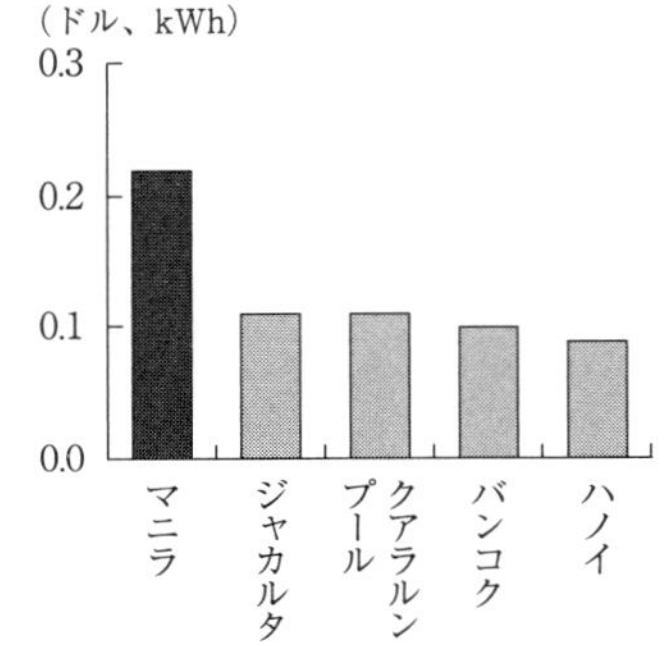

（出所）日本貿易振興機構「第25回アジア・オセアニア主要都市・地域の投資関連コスト比較」（2015年6月）

の大半の国は、雪崩《なだれ》を打ってＡＩＩＢへの参加を表明したのである。

フィリピンにある程度の期間滞在すれば、至るところでこの国のインフラの問題を感じる機会があるだろう。まず、電力に関して言えば、電力不足の問題は長年の懸案で、高い経済成長率に見合ったペースで電力の供給能力を高められるのかという悩みは積年の課題となっている。実際、フィリピンでは、２０３０年には３０００万キロワットの発電容量が必要になると予想されているが、現状の発電容量は２０００万キロワット程度にとどまっている（フィリピンの電力セクターの問題については後述する）。なお、地域別にみると、北部のルソン島、中部のビサヤ諸島、南部のミンダナオ島のうち、特にミンダナオ島の発電容量が低く、同地域は停電が起きやすい状況が続いている。

供給能力の問題とも関係するが、もうひとつ忘れてはならない点が、フィリピンの電力料金の高さだ。**図表３−４**では、東南アジア主要都市の電力料金を比較しているが、フィリピンの電力料金の高さが際立っている。こうした電力事情は、日本を含む諸外国の製造業関連企業が同国への進出に二の足を踏んできた理由として、しばしば指摘されてきた。

フィリピンは、飛行場のキャパシティにも大きな問題を抱えており、ニノイ・アキノ国際空港の評判はすこぶる悪い。とりわけ、２０１５年に大規模な改修が行われるまでは、日本航空が使用している第１ターミナル（１９８２年開業）は老朽化が著しく、世界最悪の空港としてノミネートされることも多かった。２０１５年の改修を経て、第１ターミナルの状況は随分と改善したが、それでもＡＳＥＡＮ主要国の飛行場と比べると、ニノイ・アキノ国際空港が規模・施設の面で見劣りしていることは明らかだ。館内は出稼ぎ労働者の出入国で常に混雑しているほか、物流インフラという観点でも、この空港は、マニラに届く貨物を迅速にさばくことが必ずしもできていない。飛行場はその国の玄関であるが、ニノイ・アキノ国際空港を利用すると、この国のインフラ事情が良く分かる。

飛行場だけでなく、港湾も多くの問題を抱えている。フィリピンは、７０００以上の島で構成される群島国家であることもあり、物流インフラとして港湾が果たす役割が大きい。それにもかかわらず、港湾の中心のマニラ港は、コンテナが待機を余儀なくされる状態が日常茶飯事となっている。この背景には、水深の問題などから港湾設備が脆弱なことや、マニラ港への貨物の一極集中がなかなか解消されていないこと、などが挙げられる。

排水設備の整備も喫緊の課題となっている。フィリピンは6〜10月にかけて雨季を迎え、この時期はスコールと呼ばれる激しい雨が一時的に降ることが多く、大雨が降ると、マニラ首都圏であっても水が溢《あふ》れる光景をすぐ目にする。道路事情も厳しく、朝夕のラッシュ時の交通渋滞は想像を絶する。夕方に大雨が降った日には、普段は10分の時間で進めるところが、1時間以上の時間を要してしまう、といったことも大袈裟《おおげさ》な話ではない。2015年にAPEC首脳会議が開催された時には、要人の移動に万全を期す目的で厳しい交通規制が課せられたが、市民の日常の交通は大混乱に陥るなど、マニラ首都圏への一極集中が進む中、交通渋滞の問題はなかなか改善していないのが実情である。

以上、いくつかの具体例を挙げてインフラの現状を説明してきたが、インフラの整備は、製造業の育成にとって不可欠であるだけでなく、自然災害の影響を最小限に抑える意味でも極めて重要だ。とりわけフィリピンは、台風の進路に当たり、毎年のように大型の台風の直撃を受けるし、フィリピン海プレートの存在により、地震も発生しやすく、自然災害の影響を受けやすい。こうした自然災害への対応能力は残念ながら高いとは言えず、例えば、世界の自然災害リスクに関する調査をみると、自然災害の発生し易さとそれに対応する能力に関して、フィリピンは不名誉なことに世界第3位にランクインしている。フィリピンより上位の国は、バヌアツ、トンガと、人口が数十万人の極めて小さい島国であるため、一定の経済規模・人口を有する国では、フィリピンは最も自然災害のリスクが高い国となっている。

税収不足

当然のことながら、フィリピン政府は昔からインフラの脆弱性を認識し、様々な取り組みを行ってきた訳だが、投資額が絶対的に不足しているというのが実情だ。経済規模と比較した場合、フィリピンにおける民間部門の投資額が東アジアの大半の国と比べて少ないことは前述した通りだが、インフラ投資の場合は、多額の資金を要することもあり、公共投資が重要な意味を持つ。そして公共投資の規模でも、フィリピンは東アジアの主要国に見劣りしている。

公共投資の金額が少ない最大の理由は、この国の財政事情、とりわけ歳入の側の事情にある。この点を確認するために、経済規模対比の歳入の規模をみると、フィリピンは税収不足という構造的な問題を抱えていることから、歳入の対名目GDP比率は、(近年は多少改善しているものの) 2割に満たない状況が続いている。フィリピンを含む東アジア各国を対象に、歳入の規模と公共投資の規模の関係をみると、緩やかな正の相関関係があり、歳入が少ないフィリピンにおいて公共投資が少ないのはごく自然な結果だ。

もちろん、「歳入が不足しているのであれば、借金すればいいいではないか」という議論もあり得るが、発展途上国の場合、債券を発行する際は相対的に高い金利を要求されることが一般的であり、利払い負担が高まりやすい。そのため、そもそも先進国と同じような規模で国債を発行することは現実的でない。また、フィリピンの場合、前述した通り、過去に対外債務危機に見舞われた経験を踏まえ、アロヨ政権とアキノ政権では、財政再建が重要課題となり、公共投資が総じて抑制的に運営されてきたという歴史的な経緯もある。

ちなみに、税収増加を通じた公共投資の拡大と、借り入れを通じた公共投資の拡大とでは、経済効果は異なるのだろうか。(詳細の内容には立ち入らないが)例えばIMFは、前者の場合、当初は税負担の増加に伴う家計の可処分所得の減少から、消費が抑制されるものの、こうした影響は時間の経過とともに緩和されるため、借り入れコストの負担が時間の経過とともに拡大する後者に比べて、最終的には経済効果が大きくなるとの分析結果を報告している。

いずれにしても、フィリピンの場合は、公共投資を増やす正攻法のアプローチとして、歳入の拡大を図っていく必要がある。フィリピンの歳入の規模が小さい理由としては、脱税の横行、歳入庁の徴税力の弱さなどが指摘されることが多い。これらの問題は、歴史的な経緯に根差した部分もあり、一朝一夕に解決できる訳ではないが、少しずつ取り組んでいかざるを得ないだろう。近年は、酒・たばこ増税法が成立したり、歳入庁の徴税力の強化が図られたりするなど、大きな方向性としては、税率の見直しも含めて、税収を引き上げていく努力がなされている。

こうした流れはドゥテルテ政権でも引き継がれており、同政権では、包括的な税制改革が検討されている。税制改革案は、個人所得税や法人税を引き下げる一方、付加価値税の課税ベースの拡大やガソリン税の引き上げ等を盛り込んでおり、税収の増加と国民の税負担の不公平感の軽減を狙っている。

民間資金を活用する伝統

税収の増加を実現し、政府の資金だけでインフラの整備を行うことができれば、それに越したことはないが、歳入の拡大には相応の時間を要することを踏まえると、少なくとも短期的にはなかなか難しい。こうした中、フィリピン政府は、インフラ投資の強化に当たって、政府資金だけでなく民間資金もなるべく活用する方針を採用している。

歴史を紐解くと、フィリピンは、ＢＯＴ（Build Operate Transfer）方式でインフラ投資を進めてきたという、長い歴史がある。ＢＯＴ方式とは、インフラの建設段階にとどまらず、ある程度の操業期間を含める形で民間企業が投資を請け負い、投下資本の回収後に当該インフラを相手国に引き渡す方式を指す。この方式がうまく機能すれば、発展途上国は、公的債務をあまり増やすことなくインフラ整備を行い、かつ外国企業から技術移転を図ることもできる。フィリピンは、東南アジア諸国の中では他国に先駆ける形で、1990年にはBOTの手法を法制化し、鉄道や高速道路を中心に、様々なインフラプロジェクトでこの手法を用いてきた。

フィリピンの政策当局者が、インフラ投資に当たって民間投資をなるべく呼び込もうとする傾向があるのには、財政の事情以外の理由もあるように感じる。例えば、フィリピンが、市場原理を重視する国の代表格である米国に長らく統治されていたこともあって、経済政策を担っているエリート層が、米国流の資本主義や自由主義の考え方を信奉しているということもあるだろう。ただし、フィリピンの政策当局者と話す限り、一番の原点は、1960年代から1980年代にかけて続いたマルコス政権の独裁政治を、フィリピン国民自らが「エドゥサ」革命で打倒したことにあるような気がしてならない。

この革命の政治的な意義については、第5章「フィリピン政治の実情とゆくえ」の中で詳しく触れるが、長期間続いた独裁政権を国民が打倒し、民主主義を復活させたという成功体験が、エリート層の行動原理にも影響しているのではないだろうか。すなわち、マルコス独裁政権のもとで、権力の過度な集中の弊害が生じたからこそ、なるべく民間の力を活かす形で経済政策を進めていこうという、ある種の哲学をエリート層が共有しているようにさえ感じる。こうした理想が共有されていること自体は、もちろん素晴らしいことであるが、次に紹介するフィリピン政府による電力セクターの自由化の事例は、インフラ分野における理想と現実の難しさを教えてくれる。

電力セクター自由化の取り組み

フィリピンでは、2001年の電力産業改革法の施行を契機に、電力セクターの自由化に向けた取り組みが開始された。改革の直接的な引き金は、国営の電力会社（NPC：National Power Cooperation）の経営悪化に伴い、政府債務が膨らんだことにあった。電力セクターの自由化以前、フィリピン政府は、海外から卸電力事業者（IPP：Independent Power Producer）を呼び込み、NPCは、IPPから決まった価格（ドル連動）で電力を買い取る一方、消費者に対してはペソ建ての低価格での電力供給を義務付けられた。こうした中、アジア通貨危機でペソが減価したことに伴い、NPCの財務状況は1990年代後半に急速に悪化し、自由化の議論がスタートした。

2001年に施行された電力産業改革法は、NPC資産の売却、発送電の分離、電力小売り事業の自由化などを目的とし、電力セクターの民営化が推進された。もっとも、NPCによる長期売電契約の締結が禁止されたため、新規発電所の建設や発電設備の更新は当初の想定通りには進まなかった。これは、多くの民間企業が、長期売電契約がなければ投資リスクが高いと判断し、発電事業への参入を躊躇《ちゅうちょ》したためである（近年は、地場の財閥による電力向け投資はそれなりに活発になっているが）。その結果、電力セクターの民営化後の設備容量の伸びは、電力需要の伸びに追い付いておらず、民営化によって電力の供給能力が大きく高まったとはなかなか言えない。こうしたもとで、電力の需給は依然として逼迫《ひっぱく》しており、電力料金は高止まりしている。その意味で、フィリピンの電力問題は、現在もなお未解決の問題として、この国の経済に重くのしかかっている。

官民パートナーシップ

民間資金を利用する形でインフラ投資を行う傾向は、最近の政権も変わらない。2010～16年のアキノ政権は、民間の資金や技術を活用する官民パートナーシップ（以下、PPP：Public Private Partnership）の枠組みを用い、インフラ投資を進める方針を強く打ち出した。ドゥテルテ政権も、インフラ投資を進める上でPPPを積極的に活用する方針を謳《うた》っている。

アキノ政権の6年間の実績をみると、インフラ投資は、道路や輸送関連のプロジェクトを中心に一定の成果が上がった。もっとも、当初の期待に比べると進捗が鈍かったことも事実だ。実際、アキノ政権の6年間におけるPPPプロジェクトをみると、案件数は50件以上に上ったものの、事業契約の締結に至った案件数は12件、完工に至った案件は数件にとどまった。PPPの落札状況をみると、外国企業の参加は限定的となっており、フィリピンの地場の財閥が名前を連ねている。例えば、アヤラはダンハリ・SLEX連結道路の案件を落札したほか、サンミゲルはNAIA高速道路の案件を落札した（フィリピンの主要財閥については後述する）。地場の財閥がPPPに積極的に参加していることはポジティブに評価すべきこと言えるが、将来的には、外国企業の参加も増えることが望ましい。

アキノ政権においてPPPの進捗が遅かったことや、外国企業の参加が限定的であった背景としては、フィリピンのPPPが発展途上であることが指摘できる。PPPをうまく進めるためには、不確実性や不透明性をなるべく低くすることが大事となるが、フィリピンのPPP案件の場合、官民のリスク分担のあり方が必ずしも定まっておらず、民間企業にとっては不確実性が大きいと言われている。実際の手続きに関しても、①落札企業を決める段階で、契約条件が大きく変わるといった事態が生じるケースがあること、②落札企業の審査に大幅な時間を要するケースがあること、③何らかの政治的な理由により、入札プロセスから締め出されることもあるなど、外国企業からすると参入を躊躇してしまう。

こうした中、ドゥテルテ政権は、PPP案件の承認スピードを速める方針を打ち出しており、2017年末までに新たに17件（事業総額は5800億ペソ、日本円にすると約1・3兆円）の事業契約の締結を目指している。また、アキノ政権の取り組みを継承する形で、PP

Pをより使い勝手の良いものにする方針も示している。具体的には、①PPP案件に付随する偶発債務（現時点では発生してないが、将来返済義務が生じる恐れがある債務）の履行を政府が保証するファンドを設けることや、②最高裁判所以外の裁判所による事業の差し止め命令の制限などを盛り込んだ法律の成立を目指している。フィリピンがPPPの枠組みを本格的に活用するようになってからまだ日が浅いこともあり、PPPの進め方に改善の余地が多いことは事実である。そうであっても、フィリピンがインフラの整備を克服すべき課題として重視し、正しい方向に歩み出していることは評価すべきだろう。

3　直接投資の呼び込み

隣国に見劣りする受入額

フィリピンが2050年頃まで続く人口ボーナスの恩恵を活かし、国民全体に広く行き渡る経済成長を持続的な形で実現するためには、インフラ不足の解消と並んで、海外からの直接投資の拡大も不可欠な要素となる。直接投資というと、海外企業が工場を建設するための投資が真っ先に思い浮かぶが、それ以外にも、海外企業による現地企業の買収、経営参加を目的とした現地企業の株式の取得なども含まれる。直接投資の拡大、とりわけ海外企業によ

図表3-5　東南アジア各国の直接投資受入額

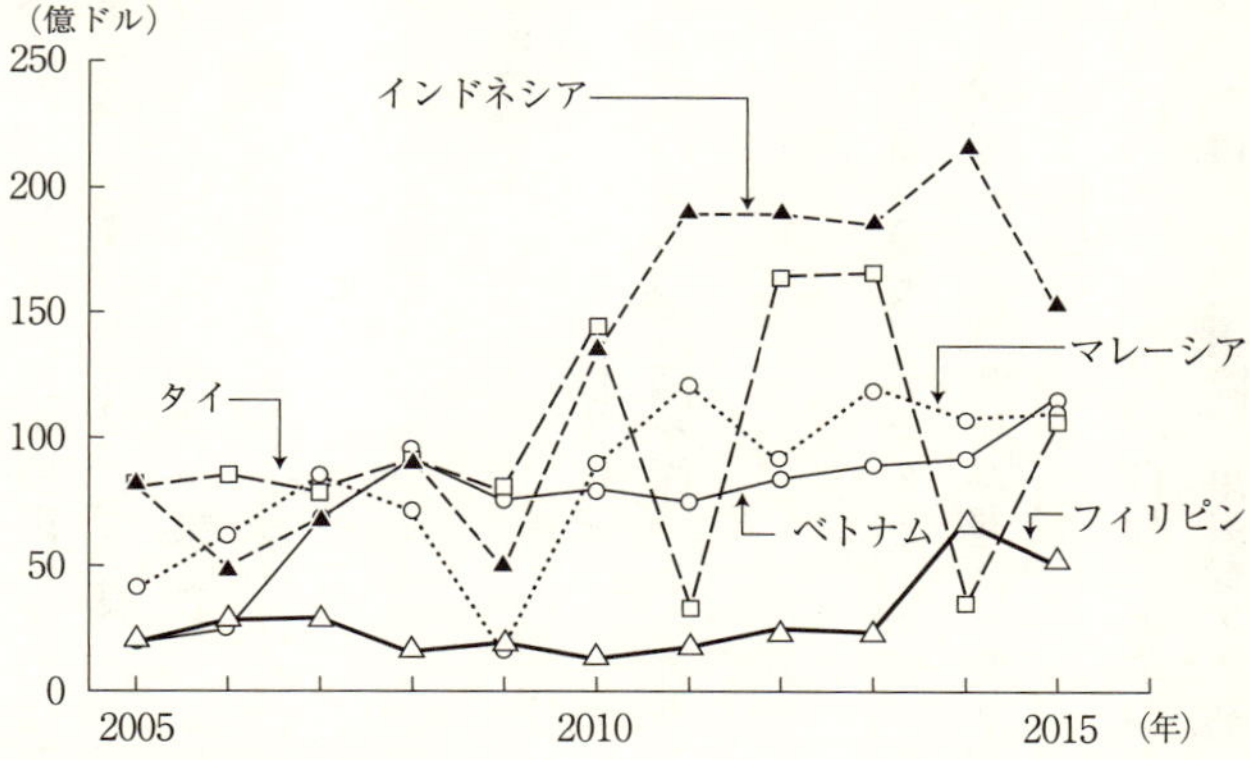

（出所）国連貿易開発会議

る工場の建設は、海外企業の進出を通じて雇用の創出をもたらす。それだけでなく、特に製造業の場合は、技術移転を通じて生産性の向上にも資する。そのため、生産要素（労働および資本）の投入量の増加に過度に依存しない経済成長を実現することにも繋がる。実際、「東アジアの奇跡」を実現した国の多くでは、直接投資の受け入れの拡大が、経済成長の大きな牽引役になった。

フィリピンへの海外からの直接投資が長らく低迷していたことは既に指摘した通りだが、こうした状況は、近年も大きく改善している訳ではない。もちろん、最近の高度成長、恵まれた人口動態に着目した将来性、労働者の賃金水準の相対的な低さなどを背景として、海外企業の進出は進んでおり、直接投資の金額は増加傾向にあるが、ASEAN主要国の中では未だに見劣りしているのが実情だ。例えば、国連貿易開発会議（UNCTAD）が公表している海外からの直接投資の受入額をみると、2015年のフィリピンは52億ドル程度と、2000年代半ばに比べると増加しているものの、インドネシアやタイに大きく水をあけられているほか、ベトナムの後塵も拝している（図表3-5）。

低迷の要因

フィリピンの直接投資はどうして長らく低迷しているのだろうか。以下では、ハード面とソフト面の双方の原因を探ってみよう。

①ハード面

ハード面で最大のネックとなっているのは、前述のインフラ不足だろう。また、製造業の場合は、国内の産業蓄積が遅れており、関連部品等の裾野産業が十分に育成されていないことも大きく影響している。

例えば、フィリピンに自動車企業が進出した場合、現状では部品の調達の多くは輸入に頼らざるを得ない。実際、東アジアに進出している日系の製造業関連企業の部品調達先をみると、フィリピンの場合、現地調達のウエイトは3割程度にとどまっており、東アジアの主要国と比べて低い水準となっている。このため、フィリピンに進出すると、労働者の賃金水準が相対的に低いというメリットがあるにもかかわらず、インフラ不足と相俟って、生産コストが割高になりやすい。そうした状況下では、「海外企業の進出が遅れる→産業蓄積が進まない→海外企業の進出が遅れる」という負の循環に陥りやすくなってしまう。

②ソフト面

ソフト面の問題は、端的には「ビジネス環境の悪さ」と言い換えることができる。例えば、世界銀行が様々な尺度から世界各国におけるビジネス環境の良し悪しをランキング付けしている調査（Doing Business）をみると、２０１６年時点のフィリピンの順位は世界の中で第１０３位と低迷している。２０１０年には１４４位だったので、２０１０～16年のアキノ政権の取り組みが功を奏し、順位が改善していることは事実だが、それでも、東アジアの主要国の中で下位に位置していることに変わりはない。

フィリピンのランキングが低い背景としては、①政府のガバナンスの弱さ、②政策の一貫性の欠如、③外国企業にとっての参入障壁などが挙げられる。政府のガバナンスの弱さは、既に指摘した通り、政治や行政における汚職や腐敗に端的に表れている。アキノ政権同様、ドゥテルテ政権も汚職撲滅を重点課題として掲げており、過去に比べると状況は改善していると言えるが、それでもフィリピン進出を検討する企業からすると、政府のガバナンスの弱さは大きな足枷となっている。

次に、政策の一貫性については、地方自治体による課税の問題や、付加価値税の還付問題などが指摘されることが多い。前者に関して述べると、フィリピンは連邦制国家であるため、伝統的に地方自治体が強い権限を持っているが、地方自治体による課税のあり方が不透明であり、本来であれば課税対象でないものが唐突に課税対象となってしまうケースがある。進出企業からすると、この不透明感は大きなマイナス材料である。後者の付加価値税の還付問題は、本来、海外企業が輸出をした場合、付加価値税の還付を受ける仕組みになっているにもかかわらず、これをすぐにはもらえていない状況を指す。

参入障壁の問題をみると、例えば外国企業の場合、フィリピン国内に土地を保有する現地法人の資本の所有は40%までしか認められていない。また、小売業では外資に対する規制が厳しく、払込資本金額が250万ドル未満の場合は、外資の参入は認められていない。従って、小売業の場合、外資の参入が可能なのは、規模の大きい企業のみというのが実情だ。これに加えて、実際にビジネスを展開する上では、法律で明記された参入障壁だけでなく、この国の政治・経済・社会に根を張っている財閥との関係をどうやって築くのか、という点も

図表３－６　フィリピンの代表的な財閥

	財閥名	主要事業
スペイン系	アヤラ財閥	不動産（アヤラ・ランド)、通信（グローブ・テレコム)、銀行（フィリピン・アイランズ)、水道（マニラウォーター）
	アボイティス財閥	発電（アボイティス・パワー)、食品（ピルミコ・フーズ)、銀行（ユニオン・バンク)、不動産（アボイティス・ランド）
中華系	シー財閥	銀行（BDOユニバンク)、小売（SMリテール)、不動産（SMプライム・ホールディングス）
	ゴコンウェイ財閥	食品（ユニバーサル・ロビナ)、航空（セブ・パシフィック)、不動産（ロビンソンズ・ランド)、銀行（ロビンソンズ・バンク）
	コファンコ財閥	飲料（サンミゲル・ブリュワリー)、飲料（ヒネブラ・サンミゲル)、食品（サンミゲル・ピュア・フーズ)、石油（ペトロン）

（出所）各社資料

重要なポイントになる。

アヤラに代表される財閥の力

フィリピンでは、株式の時価総額の大半を財閥系の企業が占めており、財閥の存在は、この国の経済そのものと言える。フィリピンは16世紀半ばから19世紀末までスペインの支配下にあったこともあり、スペイン系の財閥は今なお力を持っているが、現在は、中華系の財閥が勢力を拡大している。スペイン系の代表的な財閥としては、アヤラ財閥やアボイティス財閥、中華系の代表的な財閥としては、シー財閥、ゴコンウェイ財閥、コファンコ財閥などの名前が挙がる（図表３-６)。大半の財閥は、金融業、小売業、食品業、不動産業等の幅広い業種の企業を傘下に抱える巨大な企業グループであり、企業群という意味では、日本の戦前の財閥のイメージに近い。

多くの財閥は広大な土地を所有しているほか、一族の中から国会議員や地方議員を輩出することで、政治・経済に多大な影響力を行使してきた。通常、多くの国では、政治分野のエリートと経済分野のエリートが別々であるケースが多いが、フィリピンの場合は、両者が重なり合っており、非常に強い力を持っていることが特徴だ。すなわち、財閥は、単に富が集中する存在であるだけでなく、政治的な力も強い。時の政権からすると、財閥を敵に回す方向での改革を実現することは簡単なことではない。

経済特区の成功とデリマ前長官の奮闘

近隣諸国と比べて直接投資が低調なフィリピンではあるが、直接投資の受け入れが成功した事例も存在する。それは、１９９５年に設立された政府機関のＰＥＺＡ（Philippine Economic Zone Authority）による経済特区の試みだ。この経済特区内では、企業誘致を促進すべく、進出企業に対して税制面の優遇措置などが講じられている。各種の優遇の恩恵は、特区内に存在する企業であり、かつ当該企業の売上高の一定比率が輸出向けであれば、業種や規模に関係なくどういった企業でも享受できる設計となっており、柔軟に運用されている。

経済特区内には、日本企業の進出も目立っている。1990年代には、日本の主要なエレクトロニクス関連企業、具体的には、東芝、日立、富士通、NECが、パソコンのHDD（ハードディスクドライブ）の製造拠点として、フィリピンに白羽の矢を立てた。そもそも、エレクトロニクス関連の分野では、日本企業に限らず外国企業の進出の歴史は古く、1970年代には、インテルやテキサス・インスツルメンツなどの米国の大手半導体企業が、半導体の後工程（組み立て工程）の拠点として、フィリピンに進出した。

エレクトロニクス関連企業を中心とした経済特区への先進国企業の進出は、フィリピンからのエレクトロニクス関連部品・製品の輸出の大幅な増加に繋がった。貿易額の推移をみると、とりわけ1990年代後半にかけて、エレクトロニクス関連の輸出が急激に伸び、その後も、フィリピンの輸出全体の約半分をこれらが占める状況が続いている。

ちなみに、経済特区の試みが成功してきた背景には、もちろん税制の優遇措置等の制度の存在があるが、組織のトップとして獅子奮迅《ししふんじん》の活躍をしてきたデリマ前長官の存在を抜きには語れない。デリマ前長官は、1995年のPEZA創設以来、ラモス大統領、エストラーダ大統領、アロヨ大統領、アキノ大統領のもとで、計21年間にわたって長官を務めてきた。同長官は、汚職に対して厳しい姿勢で臨むとともに、お役所仕事を極力無くすことをポリシーとして掲げ、経済特区を運営してきた。フィリピンの行政は、汚職や腐敗の懸念が付きまとい、手続きも何かと不透明と言われることが多いが、ＰＥＺＡの事務手続きは、それとは一線を画している。ドゥテルテ政権では、新しくプラザ長官が就任したが、これまでの路線がしっかりと継続されるのかという点は、企業誘致の成否にも影響するだろう。

成功のカギを握るのは自動車産業？

前述した通り、フィリピンの製造業は、エレクトロニクス関連を除くと、産業の集積地として競争力を磨くことが長年できなかった。今後、製造業の育成を図り、多くの雇用を創出するためには、自動車産業の生産基盤を国内に作ることができるかどうかがカギとなるかもしれない。これは、自動車産業は部品や素材等の関連産業を裾野として持っており、雇用を誘発する力が相対的に強いためである。

東南アジアの主要国を見渡すと、タイやインドネシアは、自動車生産を大きく伸ばし、アジアの工場として競争力を高めてきた歴史がある。とりわけタイは、東南アジア域内の自動車のサプライチェーンのハブとしての役割を担うことに成功しており、２０１５年には約１９０万台の自動車を生産し、実に約１２０万台を海外に輸出している。一方、フィリピンは、前述したインフラやビジネス環境の問題もあり、２０１５年の自動車生産は10万台程度にとどまるなど、これまでのところ自動車の生産基盤を作ることに失敗している。

近年は、ASEANの経済統合が進み、域内の関税が撤廃されたことも、フィリピンの自動車産業にとっては痛手となる面があった。そもそもフィリピンでは、部品メーカーが国内に集積していないこともあり、完成車の生産コストが高くなりがちと言われている。こうした状況で輸入車の関税が0%になると、自動車の輸入の増加に繋がりやすい。すなわち、国内生産のメリットがないのであれば、わざわざ無理して作る必要はなく、輸入してしまった方が得策という判断が働く。実際、フィリピンにおける自動車の販売台数と生産台数の推移をみると、販売台数が大きく増加している中にあっても、生産台数の増加ペースは緩やかな状況が続いている（図表3-7）。

図表3-7　フィリピンの自動車販売台数と生産台数

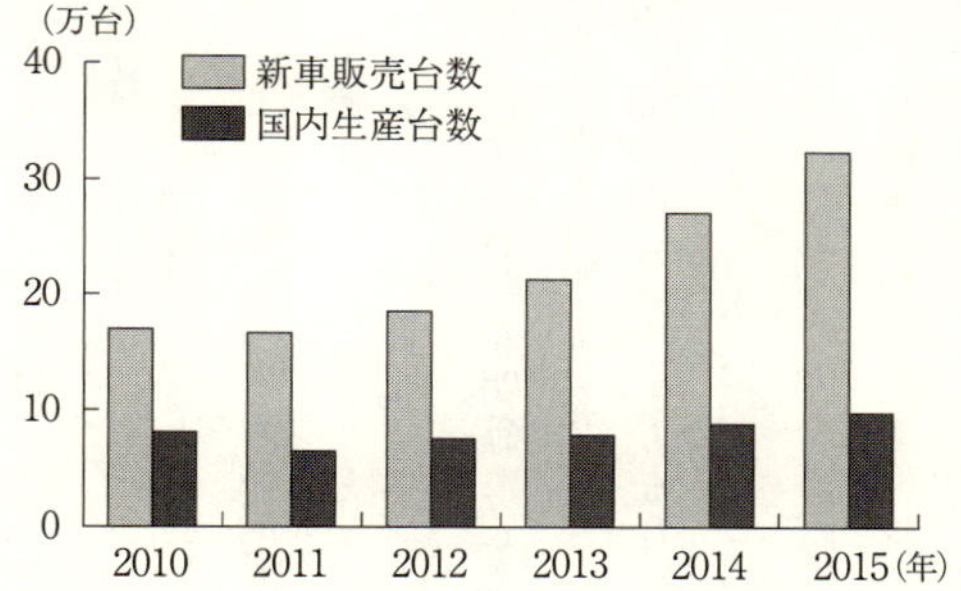

（出所）フィリピン自動車工業会、自動車輸入販売企業協会、ASEAN Automotive Federation

それでは、フィリピンは現状をどう打開していけばいいのだろうか。東南アジア域内における自動車のサプライチェーンがタイをハブとして既に完成している以上、この生産ネットワークにフィリピンが新たに加わることは正直難しい。そうした中にあって、ひとつの方向性は、1人当たりGDPの水準の3000ドル突破が視野に入る中で、国内の自動車需要の拡大をアピール材料として、海外企業を呼び込む戦略を強く打ち出すことであろう。一般的に、1人当たりGDPの水準が3000ドルのラインを超えると、中間所得層による自動車の購入が飛躍的に増加すると言われており、フィリピンはまさにその入り口に位置する。

こうした中、フィリピン政府は、人口規模1億人の市場の潜在性をアピールし、自動車生産を支援する姿勢を明確にしている。2015年6月には、自動車産業の支援策（包括的自動車産業再生戦略）を発表し、国内生産を行うメーカーに対して、税金の免除などを通じて実質的な補助金を付与する方針を明らかにした（政府の負担額は、2016年からの6年間で270億ペソ、日本円にすると約600億円）。フィリピンでは、完成車の生産コストが隣国に比べて高いため、今回の措置は、実質的な補助金を付与することでこれを補うことを狙っている。支援策の対象企業には、三菱自動車とトヨタが選ばれており、両社による生産拡大が期待されている。フィリピン政府は、支援策によって生産拡大の動きが進むことで、6年間で20万人の新規雇用の創出を見込んでいる。

もちろん、今回の支援策だけでフィリピンの自動車産業がすぐに花開くと考えるのは楽観的に過ぎるとは思うが、人口規模1億人の国で中間所得層の拡大が見込まれることは大きな魅力だ。今回のような産業政策の対象が自動車部品メーカー等にも広がり、インフラ不足の解消やビジネス環境の改善も進んでいけば、タイやインドネシアに次ぐ市場にフィリピンが育つ可能性がない訳ではない。そして、フィリピンが自動車生産の工場としての地位をある程度確立することができれば、それは、雇用の誘発を通じて、国民全体に広く行き渡る経済成長の実現に大きく貢献することになるだろう。

近年の明確な変化

前述した通り、フィリピンは、直接投資の受け入れ拡大を実現する上で、ハード面、ソフト面双方で克服すべき課題を抱えている。もっとも、近年のわが国の企業の進出状況をみると、明確な変化が生じている。実際、国際協力銀行の「わが国製造業企業の海外事業展開に関する調査報告」の中で、進出先の有望度ランキングを確認すると、フィリピンは、14位（2011年）→11位（2013年）→8位（2015年）と着実にランクアップしており、企業が注ぐ視線が変わってきている（ちなみに、2015年度の調査で、フィリピンより上位にいるアジアの国は、インド、インドネシア、中国、タイ、ベトナムの5か国）。

わが国企業のフィリピンへの進出を振り返ると、1990年代には、東芝、日立、富士通、NECが相次いで進出し、パソコンのHDD（ハードディスクドライブ）の生産を開始した。

その後も、フィリピンからの輸出を目的として、経済特区にエレクトロニクス関連企業が進出する事例が多い。近年は、プリンターやプロジェクターなどの分野において、わが国企業の進出の動きが目立っている。また、前述した通り、一部の自動車メーカーでは、生産拡大の動きもみられる。これに加えて、近年は、フィリピン国内の内需の取り込みを狙った企業の進出も加速している(なお、サービス業も含めたわが国企業のフィリピンへの進出状況の詳細は、第6章「地政学でみるフィリピン、そして日本」の中で説明する)。

わが国企業が注ぐ視線が変化している背景には、フィリピンの長い目でみた成長期待や潜在性といったものがあることは間違いないが、それと同時に、フィリピンの労働者の量や質が注目されている面も大きい。人口ボーナスを論じた際に述べたように、フィリピンは人口動態の観点から近隣諸国と比べて優位な状況にあり、若年層の労働力人口の増加が見込める。国民の英語力も高く、教育水準も決して低くない。国内の雇用環境から分かる通り、賃金の水準も相対的に低く、進出企業からするとメリットが大きい。もちろん、マニラ首都圏では、賃金の水準は相応に高くなっているが、わが国企業の間では、北部のルソン島だけでなく、他の地域にも目が向いている。さらに、発展途上国ではとかく問題となりやすい労働争議も、フィリピンでは伝統的に少なく、これもポジティブな要素として働いている。

4　ドゥテルテ政権の経済政策と将来展望

10項目の基本方針

ドゥテルテ大統領は２０１６年６月の就任以降、「犯罪者は必要であれば殺す」、「米国とは決別する」など過激な発言ばかりが注目されているが、経済政策に関しては、アキノ政権の路線がおおむね踏襲されており、現地の経済界からの評価は高い。具体的な政策の話に入る前に、まずは主要な経済閣僚の顔ぶれを確認しよう。財務大臣はカルロス・ドミンゲス、予算管理大臣はベンジャミン・ディオクノ、国家経済開発庁長官はアーネスト・ペルニアが務めている。ドミンゲスは、コラソン・アキノ政権（１９８６～92年）下で農業大臣、ディオクノは、エストラーダ政権（１９９８～01年）下で予算管理大臣を経験しており、ともに閣僚経験者が起用された形だ。また、ペルニアは、フィリピン大学の教授でアジア開発銀行のエコノミストの経験も有するなど経済政策に精通しており、手堅い人選との評価が多い。

ドゥテルテ政権が発足直後に発表した10項目の経済政策（基本方針）は、以下の通りの内容となっている。

①アキノ政権のマクロ経済政策の継承

②税制改革と効果的な徴税
③競争力向上とビジネス環境の改善（外資規制の緩和等）
④インフラ支出の加速、官民パートナーシップの活用
⑤農業や地方企業の生産性向上、地方観光の促進
⑥土地所有制度の改革
⑦医療と教育システムを含む人材開発への投資
⑧科学技術の促進
⑨現金給付プログラムを含む社会保障の充実
⑩人口抑制法の徹底

上記の10項目は、いずれもフィリピン経済がさらなる飛躍を遂げるために必要不可欠な経済政策であり、本章で論じてきたフィリピン経済のボトルネックの解消に取り組む姿勢が明確となっている。この中で、ドゥテルテ政権が特にスピード感を持って取り組んでいるのが、税制改革とインフラ支出の加速である。税制改革の内容は前述した通りであるが、個人所得税や法人税の引き下げ、付加価値税の課税ベースの拡大、ガソリン税の引き上げ等を骨子としており、全体では３０００億ペソ（ＧＤＰの約2％）の税収増加を見込んでいる。

インフラ投資を加速させる姿勢も鮮明となっている。国家経済開発庁が発表しているイン

フラ投資計画をみると、アキノ政権期と比べて政府のインフラ投資を大きく増やす方針が打ち出されている。具体的には、インフラ投資の規模を、2016年には対名目GDP比4・9%、2017年には同5・2%、2018年には同5・4%と段階的に拡大させる計画が示されている。こうした計画を実現するため、財政支出を拡大する方針も打ち出されている。フィリピンの財政赤字は、2015年時点では対名目GDP比マイナス1%程度にとどまっていたが、2016年の予算案ではマイナス3%弱まで拡大する計画となっている。また、2017年以降も同程度の財政赤字を容認する方針が示されている。こうした財政赤字の拡大方針が採用できるのは、ひとえにアロヨ政権、アキノ政権のもとで財政再建が成功し、フィリピンの財政事情が好転していることが大きい。

これに加えて、ドゥテルテ政権は官民パートナーシップ（PPP）の案件の承認を迅速化し、スピード感を持ってインフラ投資を進める方針を打ち出している。前述した通り、アキノ政権はPPPを通じてインフラ投資を進めたものの、竣工《しゅんこう》に至った案件はあまり多くなく、実行スピードの遅さを指摘する声が多かった。もちろん、大型投資案件は多くの利権が絡むため、竣工まで紆余《うよ》曲折《きょくせつ》があることは常だが、地場の財閥の間では、ドゥテルテ政権が強いリーダーシップを発揮し、案件の承認スピードを速めることに期待する声が強い。

本章の後半で指摘する通り、ドゥテルテ政権は、麻薬犯罪者を超法規的に殺害するなど、民主主義の基本原理である法の支配に反する行動を取っており、強権的な手法に対する反発が高まり、政治が不安定化する可能性がない訳ではない。こうしたリスクを抱えつつも、少なくとも経済政策に関しては、フィリピンが克服すべき課題が認識されており、政権基盤がしっかりと維持されれば、フィリピン経済のさらなる飛躍に向けた土台が築かれるのではないだろうか。

「中所得国の罠」の克服

本章では、フィリピンが飛躍を継続するための課題を列挙してきたが、開発経済学と呼ばれる学問領域の研究者の間では、発展途上国が中所得国の段階を突破し、高所得国の段階に到達することは、必ずしも簡単なことではないと考えられている。なお、世界銀行の定義によると、中所得国は、1人当たりGNI（国民所得）が1026ドル〜1万2475ドルの国を指し、このうち、1026ドル〜4035ドルの国は低位中所得国、4036ドル〜1万2475ドルの国は高位中所得国と呼ばれている。一方、高所得国は、1人当たりGNIが1万2476ドル以上の国を指す。

歴史を振り返っても、多くの国は、低所得国の段階を抜け出すことができたとしても、中所得国の段階を脱することは簡単には成功していないのが現実だ。こうした事実をもって、

「中所得国の罠《わな》」という言葉が用いられることも多い。その典型例としては、中南米諸国が挙げられるが、東アジアの主要国を見渡しても、「中所得国の罠」を明確に克服したのは、日本以外では、NIEs（香港、韓国、シンガポール、台湾）ぐらいである。この間、ASEAN主要4か国をみると、いずれの国も未だに中所得国のままであり、マレーシアとタイは高位中所得国、インドネシアとフィリピンは低位中所得国に位置付けられる。

どうして、中所得国から高所得国への移行は難しいのだろうか。通常、低所得国が中所得国の段階に移るフェーズでは、農村部の過剰な人口が都市部に流入し、生産性対比で安価な労働者が大量に供給される。この安価な労働者の存在こそが、輸出競争力の向上に繋がり、経済成長の大きな原動力となる。ただし、こうした安価な労働力の供給は、どこかのタイミングでは頭打ちになる。開発経済学では、このタイミングを「ルイスの転換点」と一般的に呼ぶが、この転換点を超えると、労働者の賃金は上昇に転じ、結果として、（安価な労働力に依拠している）対外的な輸出競争力は低下し、経済成長の力も弱まってしまう。

それでは、「中所得国の罠」を乗り越えるためには、どういったことが必要なのだろうか。最も重要なことは、安価な労働力に過度に依存しない形で競争力を付けるべく、生産性を高める不断な取り組みを継続することである。前章で成長会計の考え方を説明した通り、経済成長の源泉は、労働投入量の増加、資本投入量の増加、生産性の上昇のいずれかに帰着するが、持続的な経済成長を実現するためには、何よりも生産性の上昇が不可欠である。実際、「中所得国の罠」に陥らなかった、日本やＮＩＥｓは、旺盛な設備投資に支えられて資本ストックを蓄積しただけでなく、人的資本への投資を積極的に行い、生産性の上昇も実現した。結果として、これらの国は、安価な労働力に依存することなく、対外的な輸出競争力を維持・向上させることに成功した。

これに加えて、成長を長期間にわたって持続させるためには、所得格差を是正し、成長の果実を広く行き渡るようにすることも大事である。国民の所得格差が大きく、その格差が社会階層によって半ば固定化されたものだとすると、それ自体が社会を不安定化させる方向に働く可能性がある。特に発展途上国は、財政的に余裕がない国も多く、低所得者層への給付などの財政措置だけで所得格差の問題を解決することは容易ではない。

フィリピンの場合、もちろん、サービス業・消費主導という強みを活かすことは重要だが、生産性の向上および所得格差の是正を実現し、高度成長を持続可能とするためには、インフラ不足の克服や直接投資の呼び込みを通じて、製造業をある程度は育成することが不可欠となろう。これこそが、２０５０年まで続く人口ボーナスの恩恵を享受するために、フィリピンに求められることであろう。逆に言うと、本章で指摘した課題を克服できた暁には、２０５０年のフィリピンは、その潜在力からして、アジアの中で、中国、日本、インド、インドネシアに次ぐ経済大国となっていても不思議はない。

2050年の未来予想図

この章の締め括《くく》りとして、フィリピンが「中所得国の罠」を克服し、人口動態の恩恵を経済成長にしっかりと結び付けることができたという前提で、2050年のフィリピン経済の立ち位置を大胆に予想してみよう。以下では、成長会計のアプローチを使い、労働投入、資本投入、生産性のそれぞれに一定の仮定を置いた簡便な推計結果を紹介したい。

まず、労働投入については、1人当たりの労働時間は変わらないと仮定し、国連の人口推計で示されている生産年齢人口の変化に、労働の質の変化(IMFの推計値を使用)を加え、経済成長率に対する寄与度を計測する。その際、労働分配率を70%と仮定すると、労働投入の寄与度は、2020年代は1・5%程度、2030年代は1%台前半、2040年代は1%程度になると試算される。次に、資本投入については、投資率(投資の対名目GDP比率)が現在の20%台前半の水準から2030年までに30%程度の水準に緩やかに上昇し、その後は30%程度の水準で横ばいになると想定する(30%という水準は、現在のインドネシアとタイのおおむね平均値であることを踏まえると、それほど無茶な想定ではないだろう)。この投資率の実現を前提とすると、資本投入の経済成長率に対する寄与度は、2030年までは2%

台前半、その後は1％台後半に収斂《しゅうれん》すると計測される。最後に、生産性の寄与度は、フィリピンが高所得国の技術をキャッチアップする途上にあることを重視し、現在の2・5％程度（IMFの推計値）から2030年にかけて3％程度まで緩やかに上昇すると想定する。その後は経済が成熟し、2050年にかけて2％程度に低下するとの想定を置く。

こうした前提のもと、フィリピン経済の成長率を推計すると、2030年までは6～7％程度の高い成長が続き、その後は成長率が若干低下するが、それでも5％程度の成長率が維持されることになる。この間、フィリピンのインフレ率は平均的には2％、通貨ペソの対ドルレートは2050年まで一定であると仮定すると（為替レートは大きく振れるため、想定を置くことが難しいが、米国とフィリピンのインフレ格差が生じないことを前提にしている）、2050年時点では、経済規模を示す名目GDPは2兆ドルを超え、現在の7～8倍程度になる。

この規模感はなかなかイメージしにくいかもしれないが、大雑把に言うと、現在のインド以上の経済規模になると想像してもらうと良い。また、1人当たりGDPも1万5000ドル程度に達し、まさに高所得国に仲間入りするレベルになると推計される。もちろん、一連の推計は非常に粗いものであり、結果は幅を持ってみる必要がある。ただし、世界有数の会計事務所であるプライス・ウォーターハウス・クーパース（PWC）が、2015年に同様の手法で2050年の世界各国の経済規模を予測し、フィリピンの名目GDPが2兆7000

億ドル程度になるとの推計結果を発表していることを踏まえると、無理のある試算という訳でもない。

上記の結果は、あくまで本章で議論した様々な課題がしっかりと克服された場合のシナリオだが、「言うは易く行うは難し」という言葉がある通り、課題の克服はそう簡単なものではない。実際、フィリピン経済が抱える課題は、以前からずっと言われ続けてきたにもかかわらず、なかなか解決が図られなかったことも事実であり、問題の本質はこれまで議論してきた以上に根深い。それは、フィリピン経済の構造問題の多くが、植民地時代の負の遺産に起因しており、一朝一夕に改革できるものでは必ずしもないためである。このことを理解するためには、フィリピンの歴史に立ち返る必要がある。次章では、16世紀半ばのスペインの植民地時代にまで時計の針を戻してみよう。

第4章　植民地時代の負の遺産——分断社会はいかに生まれたか

1　スペインと米国の統治

歴史を顧みる必要性

フィリピンは、欧米の植民地の時期を400年近く経験し、16世紀半ばから19世紀末まではスペイン、19世紀末から20世紀半ばまでは米国の植民地下にあった（正確には、20世紀半ばの数年間は、日本の統治下にあったが）。本章で示す通り、この時期に成立し、長らく温存された制度は、フィリピンの経済・社会が抱える構造的な問題——少数の富裕層と多数の貧困層にはっきりと分断された社会——を作る方向に作用した。この固定化された貧富の差は、現在もなお未解決の問題として、フィリピンの未来に大きくのしかかっている。

フィリピンにおける貧富の差は、この地に足を踏み入れると誰しもが実感する。例えば、メトロマニラと呼ばれるマニラ首都圏に属するマカティ市は、超優良企業が集まるビジネス街であり、超高層ビルが立ち並ぶ。その光景は、先進国の大都市とあまり変わりない。一方、マニラのスラム街は、この国に対してまったく違うイメージを植え付ける。また、マカティ市の超高級ホテルでは、高給取りと思われるビジネスマンが日本料理に舌鼓を打っている一方、マニラの幹線道路沿いに目を転じると、交通渋滞で足止めとなっている車に、幼い少年少女が物を売ろうと近付く様子を目にする。

以下では、時計の針を16世紀半ばに戻して、植民地時代の負の遺産について考えたい。読者の中には、現在のフィリピンを理解する上で、数百年前の歴史や制度に立ち返る必要があるのか、と疑問に思う方もいるかもしれない。この点、多くの経済学者は、歴史的・制度的な考察は、国家の繁栄や貧困の起源を理解するための重要なアプローチと認識している。

例えば、経済発展の理論や歴史の専門家のダロン・アセモグルとジェイムズ・ロビンソンは、共著『国家はなぜ衰退するのか』の中で、長期的な経済発展を左右する要素として、制度の重要性を強調している。具体的には、政治経済制度が包括的（inclusive）であるか、それとも収奪的（extractive）であるかが、持続的な経済発展の分水嶺になっていると論じている。両氏は、包括的制度の具体例として、自由民主主義や市場経済を尊重する制度等を挙げ、収奪的制度の具体例として、権威主義的独裁や農奴制等を挙げている。その上で、各国の政治経済制度が成立した歴史的な背景を顧みることなくして、国家の繁栄や貧困の起源を正確に理解することはできない、と強調している。同書では、フィリピンの事例は扱われていないが、南米諸国について、スペインの植民地時代に成立した収奪的制度が、負の遺産として持続的な経済成長の阻害要因となった経緯が詳しく説明されている。

スペインの進出

スペインとフィリピンの出会いは、探検家のマゼランがセブ島に到着した1521年を起源としている（マゼランはポルトガル人だが、スペイン国王の信任が厚く、スペインの艦隊を率いていた）。15世紀後半以降、ポルトガルやスペインを先駆者として、ヨーロッパ諸国による世界進出（世界史で言うところの「大航海時代」）が始まっており、両国の出会いも、こうした大きな歴史の中に位置付けられる。

マゼランは、セブ島到着後、島民との戦闘で戦死したが、スペインはその後、メキシコ総督府のレガスピ率いる遠征隊を派遣し、1565年にセブ島の領有を開始した。この領有によって、スペインによるフィリピンの植民地化がスタートする。世界史の教科書では、スペインによる333年のフィリピン支配と言われることが多いが、その起算時点は、上記の1565年である。セブ島の領有に成功したレガスピは、その後北上し、ルソン島のマニラを陥落させる。1571年にマニラで市政を開始すると、ルソン島の多くの地域を平定し、フィリピンの植民地化を本格化させた。

なお、現在のフィリピンは、北部のルソン島、中部のビサヤ諸島、南部のミンダナオ島を中心に計7000以上の島で構成されるが、スペインがこの地域に足を踏み入れた際は、主要な島と島を繋ぐ広域の共同体は存在しなかった。つまり、中央集権的な国民国家があった訳ではなく、現在のフィリピンの版図は、スペインによる植民地化を通じて次第に固まったもの、と理解するのが正しい。そもそも、フィリピンという国名は、当時のスペインの皇太子で後のフェリペ2世の名前が由来となっている。

スペインは、フィリピンを征服した時点で、既にメキシコなど中南米の国を植民地としており、富の獲得とカトリックの布教を植民地化の主たる目的としていた。当然、フィリピンも富を獲得する対象と位置付けられたが、フィリピンには、中南米の国とは異なり金や銀は存在しなかった。また、東アジアの交易で重宝された香辛料の発見も期待外れに終わった。こうした中、スペインは、中国とメキシコを結ぶ中継貿易（後述するガレオン貿易）の拠点としてフィリピンを位置付け、富を生み出す対象として再定義した。

ガレオン貿易の中継地、マニラ

フィリピンのマニラと、同じくスペイン領であったメキシコのアカプルコは、太平洋の季節風を利用することで、大型帆船による航行が可能であった。当時、この両区間を結んだ交易は、スペイン語で大型帆船を意味するガレオンという言葉にちなんで、ガレオン貿易と呼ばれた。ガレオン貿易は、①往路では、中国の福建地方からマニラに届いた中国産の生糸や絹製品をアカプルコに運び、②復路では、生糸や絹製品の対価としてアカプルコで受け取った銀をマニラに運ぶというものだった。マニラに届いた銀は、最終的には中国船で福建地方に届けられ、マニラは中継地として重要な役割を果たした。

ガレオン貿易は、スペインにとって「簡単に儲《もう》かる」ビジネスであったと言われることが多いが、その理由としては大きく二点が指摘できる。第一に、中国産の生糸や絹製品が、贅《ぜい》沢《たく》品としてアカプルコで重宝されていたことが挙げられる。第二に、当時のスペインと中国では、金と銀の交換比率が大きく異なり、中国における銀の金に対する価値が相対的に高かったため、市場間の価格差を利用することで利益を得られる裁定機会が存在していたことが挙げられる。後者の裁定機会は、時の経過とともに当然失われることになったが、いずれにしても、ガレオン貿易はスペイン人商人に莫大《ばくだい》な利益をもたらした。

19世紀前半まで続いたガレオン貿易の存在は、フィリピンの経済発展を考える上で、以下の三点の含意を持っていた。

第一に、ガレオン貿易は、フィリピンの国内経済との関係が希薄であった。これは、この交易が、フィリピンとは無関係の中国産の生糸や絹製品と新大陸の銀を取引するものであったことに加えて、スペイン人商人が交易をほぼ独占していたためである。つまり、マニラは中継貿易の拠点であったにもかかわらず、交易の存在が国内の経済発展に結び付く経路が欠けていた。例えば、他の東南アジア地域のように香辛料が獲得できたのであれば、貿易の権益は宗主国に独占されたとしても、国内の物流の整備等は自然発生的に進んだかもしれない。しかし、フィリピンの場合、残念ながらそういった波及効果が生まれにくかった。

第二に、ガレオン貿易が「簡単に儲かる」ビジネスであったことで、宗主国スペインは、フィリピンの経済発展を真剣に検討する必要に迫られなかった。これは、フィリピンの経済発展の素地が、長年にわたって築かれず、産業化が大きく遅れたことを意味する。例えば、フィリピン史の研究家であった鈴木静夫は、著書『物語フィリピンの歴史』の中で、「ガレオン貿易の流した最大の害毒は、おそらく人々が座っていれば莫大な利益のあがる商売のうまみに酔いしれ、1815年までの250年もの間、植民地経済を全く顧みなかったことにあるのではないか」として、スペインのガレオン貿易への依存体質を痛烈に批判している。

もちろん、19世紀前半にガレオン貿易が消滅すると、スペインは、フィリピンからの富の獲得手段の再考を迫られるが、その点については後述する。

中国人移民の定着

このように、ガレオン貿易は、フィリピンの経済発展の礎を作るという観点では、プラス面があまりなかったとの評価が一般的であるが、フィリピンの社会には、非常に大きな影響を与えた。前述した通り、ガレオン貿易は、中国の福建地方とスペイン領メキシコのアカプルコを結ぶ交易であり、マニラはその中継地であった。そのため、この交易の副次的影響として、中国人商人に代表される中国からの移民がフィリピン社会に根付き、とりわけマニラにおける中国人の存在感が高まった。そして、中国人の存在は、フィリピン経済を語る場合に後世にわたって無視できない要素となった。これが、ガレオン貿易の第三の含意と言える。現在のフィリピン社会では、スペイン系の財閥以上に中華系の財閥が力を持っているが、多くの中国人がフィリピンに流入したそもそものきっかけは、ガレオン貿易の存在にあった。

中国人の存在感が増すにつれ、フィリピンでは次第に警戒感が高まり、18世紀半ばには中国人を締め出す政策が採用される時期もあった。もっとも、中国人移民と現地人との間の子供はメスティーソ（混血者）と呼ばれ、フィリピン社会に次第に根を下ろすことになった。

後述するアシエンダ制のもとでは、このメスティーソが後世にわたって影響力を行使することになる。なお、メスティーソと呼ばれる住民の区分は、スペインがメキシコなどの中南米の国の植民地で使っていたものであり、同様の区分がフィリピンにも持ち込まれたという訳である。

エンコミエンダ制

統治方法をみると、スペインは、中南米の植民地で採用した制度と同様のエンコミエンダ制を、フィリピンでも導入した。エンコミエンダ制とは、スペイン王室が、フィリピンの植民地化に貢献が大きかったスペイン人に対して、現地の住民の管理を分割して委託するという制度である。具体的には、スペイン王室は、エンコメンデロと呼ばれる受託者に対して、徴税および労役徴発の権利を与える一方、キリスト教の普及を任務として課した。この制度は、中央集権的に国家を統治することを企図したものではなく、各委託者に権力を移譲するなど、分権的色彩の強い統治方法であったと言える。その意味では、フィリピンはスペインの植民地下において、版図としては広域の共同体を少しずつ形成していったものの、その過程で、中央集権的な統治機構の基盤を備えた訳ではなかった。

エンコミエンダ制は、植民地経営に必要な経費を各地から集めることを目的としていたが、受託者に対して労役徴発の権利を与えていたことからも分かる通り、農民は奴隷的な労働を強いられることも多かった。その意味では、エンコミエンダ制は、ガレオン貿易と同様、フィリピンの経済発展を後押しする色彩は薄かった。むしろ、植民地からの富の搾取という視点が色濃かったと言わざるを得ない。なお、エンコミエンダ制は、現地の住民の反発が強かったこともあり、それほど長くは定着せず、19世紀半ば以降は、大規模な農園制度としてアシエンダ制が定着していく。

ガレオン貿易の消滅からアシエンダ制へ

前述した通り、スペインはフィリピンを植民地化して以降、ガレオン貿易の存在にあぐらをかき、フィリピンの経済発展を真剣に検討する必要性を迫られなかった。もっとも、こうした状況は、19世紀前半にスペインの植民地であったメキシコが独立し、ガレオン貿易が消滅すると大きく変化する。すなわち、「簡単に儲かる」ビジネスが存在しなくなったことで、スペインとしても、フィリピンからの富の獲得手段の再考を迫られたのである。

富の獲得手段として出された答えは、ガレオン貿易の拠点であったマニラを開港し、フィリピン国内で商品作物を生産・輸出するというビジネスモデルであった。当時の東南アジアでは、シンガポールを中心とするイギリスの自由貿易体制が既に構築されており、域内の交易が活発であった。すなわち、マニラの開港は、フィリピンもこの自由貿易体制に組み入れられることを意味した。

フィリピンで輸出向けの代表的な商品作物となったのは、砂糖、麻、たばこの三種類であり、これらは、主にイギリスやアメリカ向けに輸出された。一方、輸入は工業製品が中心で、貿易相手国はイギリスが中心であった。フィリピンにおける一次産品の商品作物化は、大規模な土地所有に立脚した農園制度（以下、アシエンダ制）に繫がり、フィリピンの社会構造を大きく変えることになる。東南アジア史の専門家の池端雪浦《いけはたせつほ》は、編著『東南アジア史Ⅱ島嶼部』の中で、アシエンダ制が生み出された代表的なパターンを以下の三つに整理している。

第一のパターンは、農民が市場経済の波に飲みこまれた結果、商人や高利貸しによる土地集中が進み、大農園が生み出されたケースである。一次産品の商品作物化に伴い、農民は融資を必要とすることも多くなり、商人や高利貸しから土地を担保に資金を融通してもらった。もっとも、金利水準が高水準であったことから、土地を手放さざるを得なくなる農民が数多く出現し、結果として土地集中が進んだ。当時のフィリピンでは、中華系のメスティーソが商人や高利貸しとして存在感をみせており、農民が土地を失う過程では、彼らが次第に大土地所有者に転じていった。

第二のパターンは、スペインの国王領の払い下げを通じて、大農園が生み出されたケース、第三のパターンは、修道会が有する広大な所領が農地として開発され、大農園が生み出されたケースである。前述の池端雪浦によれば、この第二、第三のパターンの大農園は、フィリピン全土というよりは特定の地域に集中し、その規模は、時には一〇〇〇ヘクタールを超えるなど非常に大きかった。

スペインがフィリピンを植民地化した当初に導入したエンコミエンダ制は、個人、王室、教会のいずれかに所属するものであった。その意味では、上記の三つのパターンで生み出されたアシエンダ制の起源は、エンコミエンダ制にあったと言える。いずれのパターンでアシエンダ制が生み出されたにしても、この制度のもとでは、土地を持たない農民は、土地所有者（もしくは借地人）と小作関係を結んで、カサマと呼ばれる小作人になることが多かった。もっとも、小作人にさえなれない場合は、賃金労働者として働くことを余儀なくさせられた。

そして、多くの大土地所有者は、小作人や賃金労働者を酷使し、労働投入を増やすことで農業の生産量を高める道を追求した。土地を持たない農民という搾取可能な主体が存在したからこそ、大土地所有者は搾取に明け暮れ、結果として、生産性の向上を通して農業の生産量を高めるアプローチは、ほとんど志向されなかった。この結果、大土地所有者による小作人や賃金労働者の搾取の構造が完成し、フィリピン特有の「持てる者」と「持たざる者」に分断された社会の原型が作られた。

米国統治下における変化

アシエンダ制を生み出したスペインによるフィリピンの統治は、19世紀末には終わりを告げる。すなわち、キューバを巡るスペインとの戦争、世界史の教科書で言うところの米西戦争に勝利した米国は、1898年のパリ条約でスペインからフィリピンを譲り受け、それ以降、フィリピンを植民地とした。それでは、米国による植民地統治のもとで、アシエンダ制が修正されることはなかったのだろうか。

結論を先取りするならば、米国の統治下でも、アシエンダ制は修正されなかった。むしろ、米国市場により依存する形で商品作物の大量生産に拍車がかかり、結果として、フィリピンではモノカルチャー経済（ごく少数の農産物の生産・輸出に特化してしまう経済）が強化されてしまった面すらあった。以下では、こうした結果となった背景を探ってみよう。

米国は、大航海時代にいち早く海外進出を果たしたポルトガルやスペイン、その後のイギリスやフランスなどのヨーロッパ諸国と異なり、遅咲きの帝国主義国家であった（ちなみに、米国を帝国主義国家と呼ぶかどうかについては、歴史学者の間でも見解が分かれているが、本書ではこの議論には深入りせず、フィリピンの植民地化は帝国主義政策の現れであるとする立場を採りたい）。米国にとってフィリピンは、海を越えて初めて植民地とした国であった。ただし、既に19世紀末の時点では、世界の中で植民地支配から逃れている地域は少なく、結果として、米国によるフィリピン領有も、スペインから譲り受ける形で実現された。

米国が遅咲きの帝国主義国家であったという事実は、必ずしも同国に植民地主義的な野心が存在していなかったことを意味していた訳ではない。もっとも、米国は、植民地の統治に当たって、イギリスやフランスなどの先発の帝国主義国家とは異なる独自のレトリックを用いたことも事実である。実際、米国は、自由や民主主義といった同国の建国時の普遍的な理念を掲げ、これらの理念がフィリピン社会で根付くよう、ある意味では後見的な役割を担うというスタンスを採用した。こうした米国の姿勢は、当時のマッキンリー大統領による「恩恵的同化宣言」の中にはっきりとみえる。その結果、フィリピンでは、制限選挙の形ではあったが、早くも1907年には公選の国民議会が成立し、民主主義に向けた一里塚が築かれた。また、教育の面では、1901年には初等義務教育制度が導入され、国民が教育を受ける機会は、スペインの植民地下にあった時期と比べて飛躍的に拡大した。

このように、政治制度や教育の面では、米国はある種の普遍的な理念を持ってフィリピンを統治し、それまでのスペイン流のやり方とは一線を画していた。一方、経済面に目を転じると、スペイン流のやり方を脱することはなく、米国の植民地下でフィリピンのアシエンダ制はむしろ拡大した。前述した通り、19世紀半ばのマニラ開港以降、フィリピンは、シンガポールを中心とするイギリスの自由貿易体制に組み込まれていった。米国にとっては、イギリス主導の体制にフィリピンが位置付けられることは、必ずしも望ましいことではなかった。こうした中、米国は、フィリピンとの間で関税を相互に免除することで、フィリピンとの自由貿易を事実上独占する地位を確立した。この結果、フィリピンの農業は、砂糖や麻などの特定の商品作物に過度に依存するモノカルチャー構造が一段と強化されてしまった。

こうしたもとで、大土地所有者が小作人や賃金労働者を酷使する流れはむしろ強化され、労働投入を増やすことで生産量を拡大させるという方向性も修正されることはなかった。この事実は、米国が植民地統治に当たって普遍的な理念を掲げていたにもかかわらず、フィリピン特有の「持てる者」と「持たざる者」に分断された社会構造の克服には本腰を入れなかったことを意味する（もちろん、後述する通り、米国は自作農を創設する努力をまったくしなかった訳ではなく、その意味では、フィリピン社会の構造的な問題に完全に目をつぶった訳ではないが）。

米国は、どうしてフィリピン社会の構造的な問題にメスを入れずに統治を行ったのだろうか。それは、米国自身が、植民地統治を安定的に進める上では、既存の大土地所有者の権利を容認し、エリート層を協力者として味方に引き込む方が得策と判断したためである。当時のフィリピンでは、スペインによる植民地支配が終わったと思うのも束《つか》の間、米国による領有が始まったことを受けて、反米感情が非常に強かった。こうした状況では、エリート層を味方に引き込むという米国の判断は、致し方ないところがあった。結果として、スペインの植民地下で成立したアシエンダ制は、米国による統治下でも温存されたのである。

既得権が容認されたことに加えて、米国の統治下で小作農や賃金労働者の酷使が続いた遠因としては、そもそものフィリピンの産業化の遅れも指摘できる。もし、都市部で農村の余剰労働力を吸収するだけの雇用の受け皿があれば、小作農や賃金労働者が搾取を甘んじて受け入れる必要はなかったかもしれない。その意味では、産業の育成を怠ったスペインによる植民地時代のつけが、米国の統治下で顕現化したとも言える。仮に、早い段階で産業化の種がまかれていれば、アシエンダ制は時代の変化とともに多少は修正されていたのではないかと思う。18世紀半ばから19世紀初めの時期は、欧州では産業革命が始まり、工業化への歩みが着々と進められたし、東アジアを見渡しても、日本では19世紀後半以降、富国強兵や殖産興業のスローガンのもと、工業化が急ピッチで進められていた。これらの国と比較すると、フィリピンの工業化への歩みが、モノカルチャー構造のもと、大きく遅れてしまったことは誰の目にも明らかであった。

2　未完の農地改革

植民地時代に成立した「持てる者」と「持たざる者」に分断された社会構造は、半ば手付かずのまま、現在のフィリピンでも温存されている。そして、この分断された社会構造を象徴しているのが、度重なる農地改革の失敗である。以下では、経済発展における農地改革の意義を概観した上で、戦後の日本における農地改革との比較も交え、フィリピンにおける過去の農地改革が必ずしも成功を収めなかった理由を解き明かしてみよう。

発展途上国にとっての農地改革の意義

一国の経済発展のプロセスをみると、通常は、農業、製造業、サービス業の順番で、経済成長を牽引する産業が変遷することが多い（もちろん、この三部門のバランスは国によって異なっており、フィリピンの場合は、製造業が経済成長を牽引するプロセスを半ばスキップする形で、サービス業が発展したことは前述した通りである）。その過程では、農業部門から製造業やサービス業の部門に労働移動が加速するが、こうした労働移動を円滑に進める上で、農地改革は発展途上国の経済発展のプロセスにおいて不可欠な要素である、と考えられている。

農地改革は、農地の所有形態を改め、再配分を行う改革を指す。具体的には、「地主が農地の所有権を有するもとで、小作人がその農地を借り、地代を払って農業生産に従事する」という農業の形態を改め、農地の再配分を通して小作農を減らし、その分だけ自作農を創設しよう、とする改革である。こうした改革の経済的・社会的な意義は、以下のように理解されることが多い。

第一に、農地改革の目的そのものでもあるが、自作農は、自分の土地から自分の労働で収入を得ることになる。そのため、地主が小作人を搾取している世界とは異なり、農業の生産性を引き上げようとするインセンティブが働き、農業の発展を促しやすい。例えば経済学者の猪木武徳は、著書『戦後世界経済史』の中で、「農地が新規耕作者へと解放され、農地の耕作者が確定した耕作権を持ち、その耕作地が自分の所有地でもあり、土地改良や灌漑《かんがい》システムへの投資を行う誘因が存在しなければ農業の発展はない。その意味で農地改革は、いわば農業の発展のための、（それゆえ工業化のための）前提条件となる」と述べ、農地改革の意義を強調している。

第二に、農地改革によって新たに自作農となったものは、自分の耕作地を売り、別の雇用機会を見つけるという選択肢も生まれる。従って、農地改革を通して農業部門が効率化されれば、農村部から都市部への労働移動を促すことになり、これが国内の工業化のタイミングとうまく合えば、製造業の分野で多くの雇用が吸収されることになる。その意味では、第3章で述べた「国民に広く行き渡る経済成長」を実現する上で、農地改革は重要なステップであると言える。

第三に、農地改革は、土地の所有構造にメスを入れ、地主と小作農という主従関係を終わらせることで、垂直的な社会から水平的な社会への転換を促す役割を果たす。何より自作農の創設は、個人が尊重される公正な社会を実現する上で欠かせないプロセスである。このほか、小作農が絶えず搾取されている状況では、農村は時として反体制派として社会不安を招く存在にもなり得る。このため、農地改革は、社会の安定の実現という観点でも重要な意味を持っている。実際、フィリピンの歴史を振り返ると、搾取の対象であった農民が反体制的な農民運動を展開し、社会の不安定化要因となることが幾度となくあった。

このように、経済発展のプロセスにおいて農地改革が重要であることは論を待たない。その一方、農地改革は、大土地所有者である地主の既得権を壊す試みであることから、その実現は決して容易ではない。この点、東アジアの中で、農地改革の成功例として引き合いに出されることが多いのが、日本、韓国、台湾の農地改革の経験である（いずれも、第二次世界大戦後かなり早いタイミングで農地改革を断行した）。わが国の場合は、戦後の米国占領下において、農地改革が財閥解体などと並んで重要な改革として位置付けられ、短期間で農村の生活は劇的に変化した。

その変化を具体的な数字でみると、少なくとも自作農の創設に関しては、日本の農地改革が大きな成功を収めたことが分かる。農地改革実施前の１９４６年時点では、農家のうち、自作農は30%程度を占めるに過ぎなかったが、１９５０年には60%以上を占めるに至った。これに、自作を主とする自小作農も含めると、１９５０年時点で実に85%の農家が自作農となった。一方、小作農および小作を主体とする小自作農は、１９４６年時点では50%程度を占めていたが、１９５０年には10%程度まで激減した。こうした農村の変容について、日本の農地改革にかかわったオーストラリア人のエリック・ワードは、著書『農地改革とは何であったのか？』（小倉武一訳）の中で、地主の影響力が削《そ》ぎ落とされた事実を以下の通りうまく描写している。

「これは劇的な変化であって、日本における農村生活の全体の様相を変更した。地主の全く広く行き渡った影響は去ってしまい、彼が不在地主であったならばその影響力は全く除去されてしまい、あるいは彼が在留者であれば状況なり影響なりにおいて著しく縮減されよう。彼が通過しても平身低頭する必要が無くなった」

フィリピンにおける農地改革

翻って、フィリピンのケースはどうだったのだろうか。フィリピンでは、300年以上にわたるスペインによる植民地時代にアシエンダ制が確立し、搾取する主体としての大土地所有者と、搾取される主体としての小作人という縦の関係が成立した。1898年以降の米国の統治下では、米国市場に依存するモノカルチャー構造が強化され、そのもとで、小作人や賃金労働者の比率は一段と増え、農民は搾取の対象として劣悪な環境に身を置かざるを得なくなった。

農民の待遇悪化は、時として反体制的な農民運動に発展し、社会不安に繋がったこともあった。そのため、米国は、自作農の創設を通して農民の待遇を改善させる必要性は認識していた。これに加えて、米国が遅咲きの帝国主義国家であり、植民地の統治に当たって普遍的な理念を掲げていたこともあり、農地改革は公正な社会を実現する上で必要な政策とも考えられていた。しかし、米国が進めた自作農創設のための改革は、大土地所有者の土地にはほとんど手を付けることなく、結果として非常に中途半端なものに終わった。これは、米国がフィリピンの統治に際して、政治・経済両面で大きな影響力を持っていた大土地所有者との協調を優先し、彼らの既得権を奪うことからは距離を置くスタンスを採ったことが影響している。

その後、フィリピン自身も独立後、農地改革を重要な課題と認識し、幾度となく改革を試みたが、その多くは必ずしも成功を収めなかった。例えば、1972年に戒厳令を発し、権威主義体制を確立したマルコス政権は、米とトウモロコシの小作農地について、小作農を解放し、自作農を創設することを目指した。もっとも、大土地所有者の強い抵抗を受け、対象となった約60万ヘクタールの私有地のうち、土地の配分に成功したのはわずかに1・5万ヘクタール程度にとどまった。そもそも農地改革の対象も、あくまで米とトウモロコシの耕作地だけであり、すべての農地が対象となった訳ではなかった。

コラソン・アキノの挫折

フィリピンにおいて、耕作地の分配がある程度進むきっかけとなったのは、1986年の「エドゥサ」革命後に誕生したアキノ政権のもとでの農地改革だ。コラソン・アキノ大統領は、大土地所有者の一族ではあったが、農地改革を政権公約としていたこともあり、大統領就任後は農地改革の実現に尽力し、1988年には包括的農地改革法を成立させた。この法案は、従来の改革案と比べると、少なくとも以下の点で踏み込んだ内容であった。第一に、それまでのフィリピンの農地改革では、米とトウモロコシの耕作地だけが対象となっていたが、この法案では、すべての農地が対象となった。その結果、農地に関しては、農地改革省

コラソン・アキノ（1987年1月）

の所管分で約430万ヘクタールが土地分配の目標面積となった。すなわち、規模の面では、従来の農地改革と比べるとはるかに野心的なものであった。第二に、地主による土地の保有限度は5ヘクタールと、それまでの改革よりも低く抑えられた（例えば、マルコス政権下の改革では、保有限度は7ヘクタールに設定された）。

一方で、法案の作成過程では、改革を骨抜きにしようとする大土地所有者の力が強く働き、数多くの抜け穴が存在していたことも事実だ。例えば、土地所有の上限は5ヘクタールとはなっていたものの、15歳以上の子供がいれば、1人につき3ヘクタールの加算が可能であった。このため、遠縁の子供に土地を配分したり、養子縁組によって子供の数を意図的に増やすことで、土地を確保し続ける地主も多かった。また、土地配分の対象はすべての農地とはしたものの、10年間は適用除外となる農地も多く、既得権にかなり配慮した内容となっていた。

その結果、アキノ政権のもとでは、約430万ヘクタールの目標に対して、実際に土地配分に至ったのは80万ヘクタールほどにとどまった。アキノ政権は、「エドゥサ」革命で階層を超えた国民の支持を受け、とりわけ農民層からは、「持てる者」と「持たざる者」の分断の解消という大きな期待を受けていただけに、不十分な改革は、多くの農民の失望を招くことになった。

しかし、アキノ政権の取り組みに意味がなかったのかと問われると、そうとは言えない。

図表4-1　歴代政権における農地改革の実績

（千ヘクタール）

	私有地	公有地	合計
マルコス政権（1972〜86）	15	52	67
アキノ政権（1986〜92）	451	361	813
ラモス政権（1992〜98）	952	937	1,889
エストラーダ政権（1998〜00）	229	105	333
第1期アロヨ政権（2001〜04）	254	99	353
総計	1,900	1,555	3,455
計画	2,996	1,294	4,290

（出所）農地改革省

実際、土地の配分はその後の政権でも取り組まれ、とりわけラモス政権（1992〜98年）では、農地改革省長官のリーダーシップもあり、かなりの成果が上がった。すなわち、農地全体では、アキノ政権時代の2倍超となる約190万ヘクタールの土地の分配が実現された（図表4-1）。そうは言っても、戦後日本の農地改革のスピード感と比べると、フィリピンの農地改革の歩みはゆっくりとしたものであり、土地配分の問題は、現在もなお未完となっていることは否めない。

この間、農地の配分を受けた農民の側をみ

ても、農地改革の成果が十分に表れているとは言えない。農地改革は、教科書的には、農業の生産性向上を通して農業の発展に繋がると理解されている。もっとも、フィリピンでは、土地の配分を受けた農民に対する支援が十分でなかったこともあり、本来は受益者であるはずの農民の所得向上が必ずしも達成されていない。結果として、農村部の貧困問題は、依然として未解決となっている。

テクノクラートの不在

フィリピンのケースは、農地改革の失敗の代表例と言われることが多いが、失敗の原因は何にあったのだろうか。農地改革の成功例として挙げられる日本と比較すると、以下の二点が重要なポイントであったと考えられる。

第一に、農地改革を推進する主体への権力の集中度および農地改革を支える機構としてのテクノクラートの存在、の違いが指摘できる。前述した通り、農地改革は、地主が有する既得権を打破する改革である。従って、改革への抵抗に屈しないためには、改革主体に権力が集中していることが必要条件となる。また、具体的な法案の作成等をはじめとして、実際に農地改革を実行に移すためには、改革を献身的に支え、外部の圧力等から遮断されている存在としてのテクノクラートが不可欠である。

この点、戦後日本の農地改革が、占領軍ＧＨＱが主導する形で進められたことは周知の事実である。日本国内の既得権とは無縁のＧＨＱという外部の存在に権力が集中していたことが、短期間で改革を成功させる上でプラスに働いたことは間違いない。ちなみに、ＧＨＱは、少数の地主に搾取される小作農の存在は、農村の貧困の根源であると考えていたほか、農地改革を通して、農村で共産主義が広まることを防ごうと考えていた。このため、ＧＨＱは農地改革の実行に対して強い意志を持っており、結果として、５年という短期間で大胆な改革が実行に移された。

ただし、日本における農地改革の成功の要因をＧＨＱへの権力の集中にだけ求めるのは、やや短絡的過ぎる。というのも、小作農の地位向上や自作農の創設は、戦前から当時の農林省が目指していたことであった。実際、ＧＨＱが農地改革に対する考え方をはっきりと示す前の段階で、農林省は第一次農地改革に着手していた。第一次農地改革は、地主の権限が温存されているといった理由などからＧＨＱに支持されず、結局はＧＨＱ主導で第二次農地改革が進められることになったが、農林省はＧＨＱの改革案の実現をテクノクラートとしてサポートした。

日本では、戦前から官僚機構がきっちりとした形で整備されており、ＧＨＱが既存の官僚機構の大部分を維持したことも、農地改革がスムーズに進んだ一因として指摘できるだろう。

もちろん、GHQは内務省の解体を行うなど、官僚機構にまったく手を付けなかった訳ではないが、既存の機構の骨格部分については、それを維持することが基本方針であった。日本研究の大家のジョン・ダワーは、著書『敗北を抱きしめて』(三浦洋一、高杉忠明、田代泰子訳)の中で、「既存の経路を使うほうが、占領政策の実施が容易であったし、すでに状況が混乱している上に、システム全体を根本的に変えれば、大混乱が生じるかもしれなかったからである」と、官僚機構を温存したGHQの方針を解説している。

これに対して、フィリピンの場合は、スペインによる植民地時代にアシエンダ制が確立した結果、権力の分散が図られる体制が作られ、機構としての強い国家が作られることがなかった。米国の統治下においても、権力が分散された体制は維持され、米国が連邦制国家であったこともあり、機構としての国家の整備は不十分なままであった。米国は自作農の創設を目指した時期はあったものの、フィリピンの統治に当たっては既存のエリート層を活かすことを優先したため、既得権を壊す農地改革は本腰を入れたものにはなり得なかった。

米国からの独立後も、フィリピンでは権力の集中はなかなか達成されず、こうした中にあって、政治分野のエリートと経済分野のエリートが重層的に重なり合っていた。このため、既得権を壊す改革の実現はそもそも難しい状況にあった。これに加えて、フィリピンでは、外部の圧力から遮断された存在としてのテクノクラートの力が伝統的に弱く、抵抗勢力と向き合って農地改革を献身的に進める存在になり切れなかった。つまり、日本との比較では、①権力の集中が十分に図られなかったこと、②権力から遮断されたテクノクラートが充実していなかったことが、土地の配分を迅速に実行できなかった要因として指摘できる。

未発達な工業部門

もう一点、農地改革を進める段階での農業の位置付けおよび国内の工業部門の雇用吸収力の違いも、日本とフィリピンの農地改革の成否に大きく影響した。日本の場合は、明治維新以降の工業化の進展に伴い、既に戦前の段階で輸出の中心は工業製品であった。農業は、あくまで国内の自給目的の穀物生産が中心であり、外貨を獲得する上での重要な手段とは必ずしも位置付けられていなかった。こうした事情も、フィリピンとの比較で言えば、抜本的な改革を実行しやすくする方向に作用したと考えられる。また、工業化がある程度進展していたという事実は、農地改革により、農業部門の効率化が進んだ場合、農村部から都市部に流入する労働者を吸収するだけの雇用の受け皿があったことを意味した。そもそも、工業化の進展が、農業部門から工業部門への労働移動を必要としていた。

一方、フィリピンの場合は、19世紀半ばのマニラ開港以降、アシエンダ制が確立されるもとで、商品作物の大農園が作られ、砂糖、麻、ココナッツなどが主要な輸出品となっていた。

すなわち、フィリピンでは、一次産品が外貨獲得の有力な手段であったため、農地改革の必要性を認識していた政府も、抜本的な改革の実行に二の足を踏んだという事情がある（実際、フィリピンでは、商品作物でない米やトウモロコシの農地の配分が優先的に進められた）。また、フィリピンの場合は、スペインによる植民地時代に産業化の種がまかれず、工業部門に雇用を吸収するだけの十分な素地がなかったことも、農地改革の実行を難しくした面があった。結果として、フィリピンの農地改革において、改革の対象が商品作物の大農園を含むすべての農地となるには、コラソン・アキノ大統領のもとで成立した包括的農地改革法（1988年制定）を待たねばならなかった（この農地改革も不十分な面があったことは、前述した通りだが）。

土地配分がうまく進まなかっただけでなく、フィリピンの農地改革では、新たに農地を持った農民の所得が必ずしも大きくは改善していない。結果として、農村部の貧困問題も解消されていない。農地改革を通して農業の生産性向上を実現するためには、自作農が自立するプロセスを支援する様々な取り組みが不可欠である。もっとも、フィリピンでは、灌漑施設等の農業インフラの支援、農作物の流通インフラの支援、自作農への金融支援等が十分になされてこなかったため、農地改革が農民の所得向上になかなか結び付いていない現実がある。

本章で指摘したフィリピンにおける農地改革の失敗の原因の多くは、フィリピンの政治・

経済の構造問題そのものであり、現在もなお未解決の問題として、この国の足枷となっている。こうした社会では、次章で詳しくみるように、民主主義の深化を図ることはなかなか難しい。

第5章　フィリピン政治の実情とゆくえ

フィリピンは、1986年の「エドゥサ」革命で民主化を実現して以降、まがりなりにも民主主義を定着させてきた。とりわけ、2010～16年のアキノ政権は、民主主義の基本原理を尊重しつつ、漸進《ぜんしん》的な形ではあるが公正な社会の実現に取り組み、政治の安定を実現させた。この間の政治の安定が、アキノ政権における経済成長の礎となったことは前述した通りである。

しかし、2016年6月に誕生したドゥテルテ政権は、犯罪撲滅を掲げ、就任半年で麻薬犯罪の容疑者を数千人規模で殺害するなど、民主主義の基本原理である法の支配を逸脱する行為に訴えている。こうした超法規的殺人は、フィリピンが培ってきた民主主義の根幹を大きく揺るがす可能性があり、傍からみると、ドゥテルテ政権はかなり危ない橋を渡っているように映る。もっとも、犯罪者の殺害は、ドゥテルテが大統領選挙の期間中に主張していたことでもあり、本書執筆の段階では、多くの国民はこうした強権的手法に不安を感じつつも、麻薬犯罪対策そのものは支持している。果たして、この国の民主主義はどこに向かうのだろうか。その答えを探るために、本章では、フィリピンが培ってきた民主主義の実態を解きほぐしていきたい。

1　埋め込まれた民主主義

フィリピン政治は先進的？

東アジア各国の政治体制をみると、多くの国で民主主義が採用されているが、民主主義の定着度合いは国によって随分と異なる。例えば、日本のように民主主義が制度として完全に根付いている国もあれば、インドネシアのように民主主義に移行してから間もない国も多い。また、近年のタイのように政治抗争が続き、民主政治が一旦頓挫してしまった国も存在する。そもそも、東アジア全体を見渡すと、民主主義一色という訳でもない。例えば、北朝鮮は全体主義を採用する独裁国家であり、中国は権威主義を採用し、共産党による一党支配が長ら

図表5-1　東アジア各国の民主主義の定着度合い

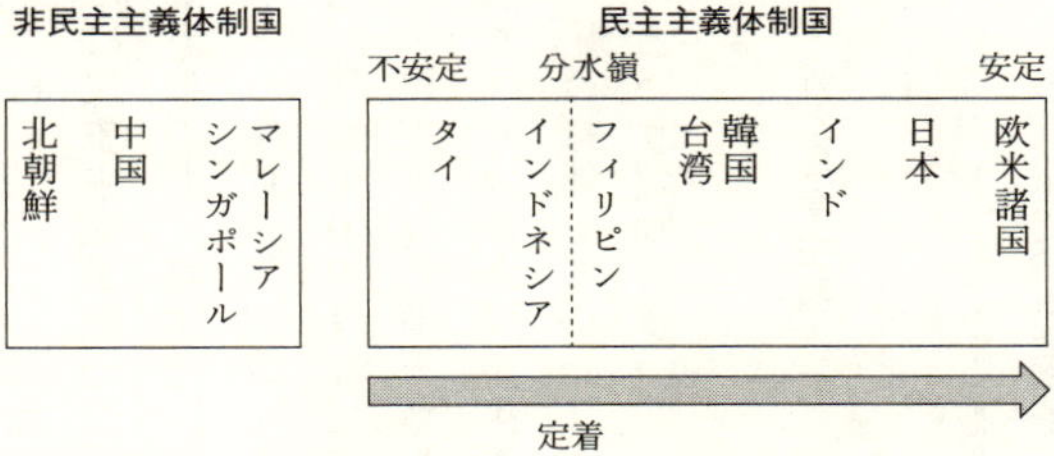

（出所）岩崎育夫『アジア政治とは何か』の図表16を抜粋（一部の国を除いているほか、体裁も一部変更）

く続いている。シンガポールやマレーシアも、政治体制は権威主義的であり、国民の政治的自由は制限されている。

それでは、フィリピンの民主主義の定着度合いは、東アジア各国と比べるとどう評価できるのだろうか。東アジア政治の専門家の岩崎育夫の分析（同氏の著書『アジア政治とは何か』を参照）によれば、フィリピンは、民主主義が安定している国と不安定な国の中間付近に位置している（**図表5-1**）。ドゥテルテ政権誕生後の強権的手法をみると、この評価は甘く映るかもしれないが、実は、フィリピンの民主主義には先進的と評価できる部分も少なからず存在する。

フィリピンの民主主義の先進性は、一体どこにあるのだろうか。それは、第一に、民主主義が制度として導入された時期にある。フィリピンは、1898年の米西戦争以降、20世紀半ばの日本の軍政下にあった数年間を除くと米国の植民地下にあったが、1946年に独立を果たすと、米国流の政治システムを採用し、大統領制や上院・下院の二院制などを導入した。すなわち、20世紀半ばの時点で、国家元首である大統領は国民による直接選挙で選ばれ、少なくとも制度的には民主主義が整った。

これに対し、日本を除く東アジアの多くの国において、民主主義が確立され始める時期は1980年代後半以降であった。例えば、インドネシアでは、大統領の直接選挙が始まったのは、実に2004年であった。こうした事実は、フィリピンにおいて、いかに早いタイミングで民主主義が導入されたかを示している。それだけでなく、1965年に大統領に選出されたマルコスが民主主義を葬り去るまでは、政権交代が生じるなど、運用面でも民主主義が一応は機能していた。ただし、後述する通り、フィリピンの民主主義はあくまで形式的なものという評価も多い。

不平等と民主主義

第二に、フィリピンでは、中間所得層が増加する前の段階、言い換えると、経済的・社会的不平等が多少なりとも是正されるステップを踏む前に、民主主義が制度として埋め込まれた。その意味で、民主主義の導入プロセスが異質、ある意味では先進的であった。

通常、発展途上国が民主主義の採用に至る過程は、ごく単純化すると、以下のように理解されることが多い。すなわち、何らかの権威主義的な政治体制のもとで発展途上国が経済成長をある程度達成すると、国民全体に占める中間所得層の割合が増加する。こうした中間所得層は、汚職や腐敗の少ない良い統治や政策決定の透明化などを求め、政治参加を要求する声を次第に強める。そういった声が国民全体に広まると、最終的には権威主義的な政治体制の維持が難しくなり、民主主義が制度的に導入されるという流れである。

発展途上国の民主化のプロセスを解説した、政治学者のサミュエル・ハンチントンの著書『第三の波』も、1970年代半ば以降の世界各地における民主化を実現した原動力のひとつとして、中間所得層の拡大を強調している。実際、1980年代後半以降の東アジア各国における民主化の流れは、こうした文脈の中で整理できる。もちろん、これらの国の民主主義への移行には、冷戦の終結に伴い、共産主義勢力に対抗するために、権威主義体制を通じて権力を集中させる必要性が薄れたことも影響している。また、小さな政府や規制緩和を志向する世界の大きな潮流が、権威主義体制の存立を揺るがす方向に作用した面もある。ただし、そうは言っても、中間所得層が大きな役割を果たしたことは間違いない。

これに対し、第二次世界大戦後のフィリピンでは、中間所得層の拡大をきっかけとして、民主主義が導入された訳ではない。長らくフィリピンを植民地としていた米国の制度を半ばそのまま導入し、民主主義を採用したというのが実態だ。当時のフィリピンでは、16世紀半ばから20世紀半ばまでの植民地時代に確立された社会構造――東アジア経済の専門家の原洋之介は、著書『アジアダイナミズム』の中で「少数の政治・経済エリートと貧しい土地無し層とに両極分解した階層制をもつ分節社会」と形容――が維持されるもとで、一人一票の民主主義が制度的に導入された。こうした民主主義の導入経緯について、例えばフィリピン政治の専門家の日下渉《くさかわたる》は、著書『反市民の政治学』の中で、以下のように、フィリピンの民主主義国家としての先進性を指摘している。

「要するに、この新自由主義時代において、民主主義は平等性という自らの理念と、拡大する不平等という現実の間で引き裂かれており、フィリピンはこの民主主義の窮地をきわめて深刻な形で経験してきたのである。（中略）誤解をおそれずに言えば、フィリピンは、先進諸国も含めた非福祉国家の民主制が今日直面している課題と挑戦を先どりして経験してきたともいえる」

この論理展開は多少補足する必要があるだろう。近年、欧米諸国や日本などの先進国では、国民の所得格差が広がっており、従来に比べると、所得の再分配機能等を通じて経済的な平等を実現することが難しくなっている。結果として、既存の政治や経済の仕組みに対する国民の不満は高まりやすくなっている。米国では、こうした不満が２０１１～12年にかけて、「ウォール街を占拠せよ」という合言葉のもと、抗議運動の形で直接示された。また、２０

16年の大統領選挙における共和党のトランプ候補の勝利も、既存の政治に対する国民の不満を象徴している。日本でも、安倍政権のもとで進められている経済政策（アベノミクス）が、むしろ格差を拡大させているのではないかとして、格差の是正を訴える主張も根強い。その意味では、経済成長と格差の是正の両立がさほど難しくなかった、福祉国家全盛の時代に比べると、民主主義をうまく機能させることは、先進国でも難しくなっている。こうした文脈でフィリピンの民主主義を捉え直すと、同国は、民主主義の導入当初から、極めて大きい経済的・社会的不平等が存在する中で民主主義を機能させる難しさを抱えていた（これを先進的と呼ぶかどうかは、読者によって意見が分かれるかもしれないが）。

マルコス独裁政権を倒した「エドゥサ」革命

もうひとつ、フィリピンの民主主義の先進性を示すのが、「エドゥサ」革命の経験である。フィリピン国民は、1986年の「エドゥサ」革命によって、当時のマルコス独裁政権を打倒し、この成功体験が、その後の東アジア各国における民主化運動に火を付けた。とりわけ、フィリピンにおける民主主義の復活が、後述する「下からの民主化」によって達成され（実際、「エドゥサ」革命は、別名「ピープルパワー革命」と呼ばれることも多い）、しかも平和裏に実現されたことで、各国における民主化運動のロールモデルとなった。

もちろん、「エドゥサ」革命は一夜にして実現された訳ではない。革命が成功するまでにはいくつかの重要なターニング・ポイントがあり、とりわけ大きな転機となったのが、ベニグノ・アキノ元上院議員の暗殺事件であった。アキノ元上院議員は、マルコスの権威主義体制を一貫して批判するなど、マルコスの政敵であり、この暗殺事件をきっかけとして、フィリピン国民の間でマルコス独裁政権に対する批判が急速に強まっていく。

その後、ベニグノ・アキノの妻であったコラソン・アキノが、民主化運動のシンボル的な存在として大統領候補になり、1986年の大統領選挙では、マルコス陣営とアキノ陣営の双方が勝利宣言する異例の展開となる。こうした中、同選挙におけるマルコス陣営の不正に抗議する形で、百万人を超える国民がマニラ周辺を埋め尽くしたのだ。ちなみに、「エドゥサ」革命の名称は、フィリピン国民がマニラのエドゥサ地区に集結したことに由来がある。マルコス独裁政権の打倒を目指す運動は、アキノ元上院議員の暗殺事件の前まではあくまで散発的なものだったが、この段階では、中間所得層だけでなく、貧困層もデモに加わり、階層を超えた国民的連帯が実現した。こうした状況にあっても、当初、マルコス大統領は権力の座にしがみつくことを画策したが、最終的には、軍部が国民の側に立つ決断をし、同盟国であった米国もマルコス政権を見限ったため、マルコスは亡命を選択せざるを得なくなった。これをもって、1965年から20年以上続いたマルコス政権は終焉《しゅうえん》した。

この「エドゥサ」革命が、その後の東アジア各国における民主化運動の先駆けとなり、台湾、韓国、ミャンマー、中国、タイ、インドネシアの順番で、民主化運動が展開されることになる。このうち、台湾、韓国、タイ、インドネシアの4か国については、紆余曲折がありながらも、最終的には民主化運動が成功し、インドネシアでも、1998年のスハルト体制の崩壊をもって、権威主義体制が終焉した。ただし、民主化運動はすべての国で成功した訳ではない。実際、ミャンマーでは、アウンサン・スーチーが軟禁されるなど、軍政が民主化運動を弾圧したほか、中国でも、天安門事件で民主化運動は挫折を余儀なくされた。

なお、フィリピンにおける民主化運動の最大の特徴は、「下からの民主化」を平和裏に実現したことにある。一般的に、民主化の実現パターンは、「上からの民主化」と「下からの民主化」に大別される。「上からの民主化」の典型例は、李登輝のもとでの台湾など、政権側が国民の民主化の要求にある程度応じ、自らの手で民主主義の諸制度を導入し、民主化移行後も政権が存続するケースだ。「下からの民主化」の典型例は、政権側は民主化運動に抵抗するものの、最終的には、中間所得層を中心とする民主化運動の担い手が政権を打倒し、新しい政権のもとで民主主義への移行が図られるケースだ。フィリピンにおける「エドゥサ」革命は、まさにこのケースに当たる。その後の民主化の定着度合いをみた場合、「上からの民主化」と「下からの民主化」のいずれが良いかは一概には言えない。ただし、「下かららの民主化」を実現したフィリピンでは、少なくとも一度は、半ば固定化されている階層の壁を超えた国民の連帯を実現し、自分たちの手で国家を作ったという経験が共有されている強みがあると言えよう。

ポピュリズム出現のリスク

このように、いくつかの尺度では、フィリピンの民主主義は先進的とも言えるが、その内実は「形式的民主主義」に過ぎないという批判は多い。例えば、前述の原洋之介は、フィリピンの民主主義について、以下のように厳しい評価を下している（『アジアダイナミズム』参照）。

「植民地時代に作られた寡頭支配体制の上に、アメリカ流の議会制民主主義が導入されたが、そういう形式的な議会制民主主義の下では、寡頭支配層に属する経済エリートの利益を少しでも損ねるような方向へと、経済政策の変更が決定されることはまずありえないことであった」

本書では、国民国家としての歩みがしっかりと定まっていない中で、米国流の大統領制や上下両院制に基づく民主主義が統治の手段として導入されたことを踏まえ、「埋め込まれた民主主義」という言葉を使いたい。多くの研究者が指摘する通り、フィリピンの民主主義は、ごく一部の富裕層と多数の貧困層に分離した社会構造が手付かずのままの状態で、制度として埋め込まれたものであり、相当無理な設計であったと言わざるを得ない。

そうした社会構造の中で、一人一票の民主主義を制度として導入すると、どういうことが起きるだろうか。政治エリート層にとっては、選挙の際、数で勝る貧困層の票をいかに取り込むかが重要となる。その結果、政治エリート層は、貧困層に様々な施しを与えることで票を取り込む一方、議会政治の場では、自分たちの既得権の維持に邁進《まいしん》する誘因が働きやすい。言い換えると、フィリピンにおける民主主義は、政策論争を抜きにして、数の上で国民の審判を受けているという大義名分だけを政治エリート層に与えてしまいかねない面がある。

実際、フィリピンの選挙で必要なものは、金（Gold）、銃（Gun）、私兵（Goon）であると伝統的に言われ、この三つの単語のそれぞれの頭文字を取って3G選挙と形容されることも多い。とりわけ、利権が絡みやすい地方選挙は毎回壮絶な様相を呈し、不正が後を絶たない状況が常態化しており、近年でも、死傷者の発生が続いている。通常、中間所得層が拡大すれば、汚職や腐敗の少ない良い統治や政策決定の透明化などを求める声が広がっていくが（実際、近年のフィリピンでも、そうした声が広がっていることは事実）、明日の生活の改善に関心がある貧困層が数的に多い状況では、中間所得層の声が国民的な広がりを持つとは限らない。逆に、フィリピンの民主主義は、貧困層に訴えかけるポピュリズムが出現するリスクを常に抱えている、とも言える。

過去の大統領選挙を振り返ると、「大学中退、元映画俳優」という肩書をアピールしたジョセフ・エストラーダの大統領選出（1998年）は、ポピュリズムの典型例であった。なお、「犯罪者は必要であれば殺す」といった過激な言動が支持を集めたロドリゴ・ドゥテルテの大統領選出（2016年）についても、ポピュリズムの再来と指摘する向きが存在するが、筆者の見方はやや違う。

ジョセフ・エストラーダ（1999年6月）

2016年の大統領選挙は、中間所得層、貧困層ともに、フィリピンが抱える構造的な問題の改革を託してドゥテルテに票を投じた側面が強く、エストラーダの選出とは意味合いが随分異なるように思う。いずれにしても、ドゥテルテ大統領の選出が意味するところについては、後述する。
フィリピンの民主主義の問題は、行政の汚職や腐敗が蔓延《まんえん》している結果として、国民の政府に対する信頼度が低いことや、本来は汚職や腐敗を是正する立場にあるはずの議会がその役割を十分に果たせていない点にもある。前者の行政の汚職や腐敗に関しては、2010〜

16年のアキノ政権で多少の改善はみられたが、依然として問題が多い状況に変わりはない。後者の議会に関しては、とりわけ政党が本来的な機能を果たせていないことに大きな問題がある。フィリピンの政党は、共通の政策のもとに集結する集団とは必ずしもなっておらず、選挙のたびに離合集散を繰り返す存在となってしまっている。

2　深化を阻む要因と打開策

中央集権的な国家としての経験不足

フィリピンが「埋め込まれた民主主義」の状況をなかなか抜け出せず、民主主義を深化させることに苦労してきたのは、どうしてなのだろうか。その原因を突き詰めると、中央集権的な国家機構を運営した経験が不足していることを指摘できる。

この話は、フィリピンの国家としての成り立ちにまで遡る。現在のフィリピンは、7000以上の島で構成される群島国家だが、16世紀にスペインが植民地化した時は、群島を結び付ける統一的な共同体は存在していなかった。そうした中、徐々に広域の支配を行ったスペインは、基本的にはマニラを交易の拠点と位置付けた。19世紀後半にはセブも開港され、交易都市は広がりを持つことになったが、あくまでそれぞれの交易都市が独自に発展したに過ぎず、全土を繋ぐ広域のネットワークが形成された訳ではなかった。もちろん、群島国家の宿命として民族や言語が多様であったことが、広域のネットワークの形成を難しくした面も少なからずあった。結果として、「持てる者」と「持たざる者」に社会が分断されただけでなく、政治的にも分権的な統治体制が作られた。

こうした状況は、19世紀末の米西戦争以降、フィリピンが米国の植民地になっても続いた。米国が連邦制国家であり、そもそも中央集権的な色彩が弱い国であったことから、このタイミングで分権的な統治体制が見直されることはなかった。むしろ、米国は、スペインの統治下で登場した各地域の大土地所有者を政治エリートとして活用しつつ、フィリピン統治を進めたことから、ある意味では権力の分散が制度として一段と定着することになった。そして、フィリピンが独立した後も、権力の分散の構図は、半ば手付かずのまま残ってしまった。

フィリピンの歴史上唯一、権力の分散の打破および権力の集中を試み、それに形式的には成功したのがマルコス大統領であった。マルコスは、フィリピンの統治のあり方を変えるべく、1972年に戒厳令を出し、憲法の機能だけでなく議会も停止した。また、既得権層の権力基盤にくさびを打つことで、財閥解体や農地改革などの経済改革を実行に移すことを試みた。一連の改革は、伝統的な財閥の弱体化という形で成功した面もあったが、マルコス独裁体制の大きな特徴は、伝統的な財閥に替わってマルコスファミリーを新たに作りだしたことにあった。すなわち、マルコスが自分に忠誠を誓う子飼いを量産することで、権力の集中が図られた。

その意味では、行政国家としての基盤が整備されて中央集権的な体制が作られた訳ではなく、あくまでマルコス個人に依存した体制であったと言える。１９６０年代以降、東アジアでは、フィリピンを含めて多くの国で権威主義体制が敷かれ、この時期に、多かれ少なかれ行政機構が整備されたが、フィリピンの状況は大きく異なっていた。東南アジア研究で高名な白石隆は、著書『海の帝国』の中で、「フィリピンにおいて機構としての国家がこれまで一度も建設されなかったために、人々が機構としての国家を知らず、したがって、そんなものには最初からなんの期待もしない」と、フィリピンでは国民国家のあり様を鋭く指摘している。マルコス独裁体制の崩壊後、フィリピンでは民主主義が復活し、もちろんそれ自体は歓迎されるべきことではあったが、大統領個人に依存しない中央集権的な行政国家の経験が不足したまま、再び民主主義体制に戻ったのである。

二つの不安定要因

これに加えて、以下の二点も、フィリピンの国家機構の脆弱性に繋がっている面があると考えられる。第一に、フィリピンでは、政府高官は政治任用という形で政権の中枢に入ることが多い。このため、大統領が変わるたびに政府高官のメンバーも変わり、政策が大きく振れ、政治が不安定化するリスクを内包している。ちなみに、フィリピンの現行の憲法は、マルコス独裁政権への反省もあって、大統領の任期を6年間の一回限りとしている。これは、権力に歯止めをかけているという意味で好ましいとも言えるが、大統領交代に伴う政治の不安定化リスクは、国家機構を脆弱なものとさせてしまう可能性がある。

第二に、フィリピンでは、政策決定の過程で、一度決まったことが覆ることが少なくなく、政策調整能力が概して弱い。世界銀行など国際機関の関係者の間でも、「there is no finality in the decision making（意思決定が完了しない）」と揶揄する声は多い。この点、フィリピン政治の研究家の間では、政策決定過程における「拒否権ポイント」の存在を指摘する向きが多い。「拒否権ポイント」の具体例として、例えば、アジア経済研究所の川中豪《かわなかたけし》は、①立法過程では、法案を審議にかける委員会、上下両院の存在、②法案成立後は、拒否権を行使できる大統領、法案の違憲判決を辞さない司法などの存在があるとしている（『アジアの政治経済・入門［新版］』参照）。こうした「拒否権ポイント」の存在は、権力への牽制が様々な場面で働くという意味では、極めて民主主義的であるとポジティブに捉えることもできない訳ではない。しかし、フィリピンの場合は、国家機構の脆弱性に繋がっている側面も大きい。

東アジア各国の歴史を振り返ると、一般的には、行政国家としての機構が整備され、最低限の中央集権的な土壌がある中で、民主主義が育まれるケースが多かった。これに対して、フィリピンの場合は、順番が逆になってしまっており、この国の民主主義の深化を難しくしている面がある。

国民としてのアイデンティティの脆弱性

半ば固定化された格差が厳然と存在する中にあって、フィリピン国民を結び付けるアイデンティティが脆弱であることも、階層を超えた国民的連帯を難しくし、民主主義の深化を阻んでいる。アイデンティティとは、個人または集団の自己同一性と訳されることが多く、要すれば、我々が他者との関係において自己の特徴を定義したものと言える。政治学者のサミュエル・ハンチントンが著書『分断されるアメリカ』で示している通り、アイデンティティの源泉には実に様々なものがあるが、以下では、民族と文化に絞って、フィリピンのケースを考えてみよう。

前述した通り、スペインが16世紀半ばにフィリピンを植民地化した時には、広域の共同体としてのネットワークは存在していなかったが、その理由には、この地域における民族の多様性もあった。国勢調査の結果からも、フィリピンがいかに多民族国家であるかが分かる。最近の調査では、実に１００種類以上の民族の分類が報告されており、全人口に占める比率

図表5-2　フィリピンの主要民族と使用言語

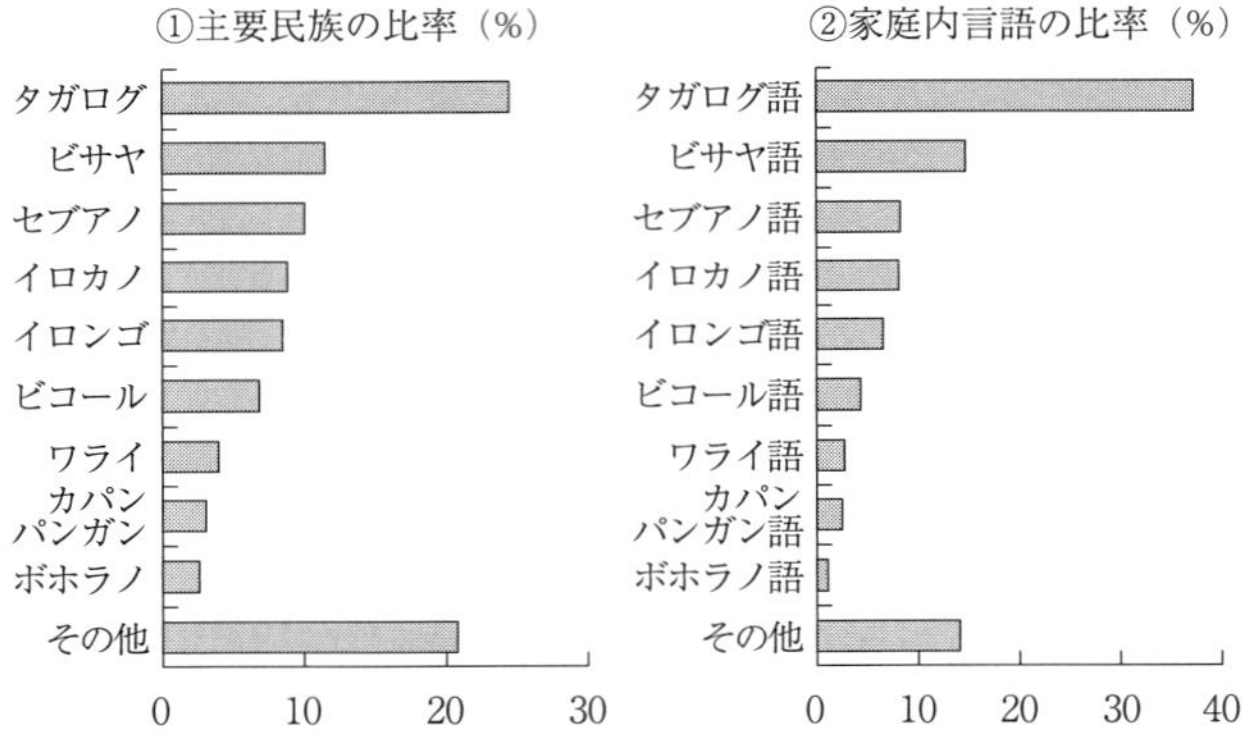

（出所）Philippine Statistics Authority, 2010 Census of Population and Housing Reports のデータをもとに作成

が2%以上の民族だけでも、9民族に上る（図表5-2）。フィリピンと言えば、タガログ族が過半を占めるというイメージを持っている人も多いかもしれないが、最大勢力のタガログ族ですら、全体の25%程度を占めるに過ぎない。その意味で、民族は、フィリピン国民の共通のアイデンティティとはなりにくい。

　次に、文化はどうだろうか。アイデンティティの源泉としての文化の定義は広く捉えることも可能だが、ここでは、多くの国で意識されることが多い、言語と宗教に焦点を絞りたい。

　フィリピンでは、フィリピノ語（実質的にはタガログ語）が国語、英語が公用語となっているが、このことは、これらの言語がフィリピン国内のすべての家庭で使われていることを意味している訳ではない。というのも、フィリピンは多民族国家であることを反映して、家庭内で使われている言語も多岐にわたっている。国勢調査で家庭内の使用言語をみると（前掲図表5-2）、タガログ語は全体の40％弱を占めているに過ぎない（タガログ族の比率が25％程度であるのに比べると、国語である分、比率は高くなっている）。タガログ語以外をみると、各民族が別々の言語を持っている状況である。もちろん、タガログ語と英語は、フィリピン人にとって共通言語ではあるが、タガログ語はあくまで地方言語のひとつであるし、英語はそもそも外来語であることから、国民を結び付ける共通のアイデンティティの源泉にはなりにくい。

一方、宗教に目を転じると、フィリピン人の約8割はカトリック教徒である。これにプロテスタントなどを加えると、広義のキリスト教信者は約9割を占めるとみられる。カトリックの布教は、スペインがフィリピンを植民地化した時に最も力を入れた施策であり、それから数百年が経過した現在でも、カトリックの精神はフィリピン人に宿っている。もちろん、フィリピンにはキリスト教徒以外も存在しており、例えば、ミンダナオ島にはイスラム教徒が多く存在し、無視できない規模となっている（同地域で度々紛争が生じ、フィリピンの内政を不安定化させる要因となってきたことは、既に述べた通りである）。

このように、フィリピンでは、民族、言語に関しては、国民全体を繋ぐ共通性を見出しにくい。一方、カトリックは国民全体を結び付ける拠り所となっているが、これだけでは、フィリピン国民のアイデンティティの源泉としては不十分ではないだろうか。これに加えて、同国固有の事情が、アイデンティティを希薄化させる方向に作用している面もある。例えば、階層が半ば固定化されており、富裕層と貧困層が分断されている社会では、国民共通のアイデンティティは育まれにくい。また、国民の約1割がフィリピン国外で働いている実情も、国民としての共通意識を育みにくくしていると思われる。

「権力への抵抗」という共通体験

中央集権的な国家としての経験の欠落、フィリピン国民としてのアイデンティティの脆弱性、この二点を所与とすると、フィリピン国民には、階層を超えた共通の原体験のようなものはあるのだろうか。歴史を振り返ると、フィリピン国民の共通の原体験は、「権力への抵抗」という形で示されてきたと考えられる。300年以上にわたるスペインの統治、20世紀前半の米国の統治、数年間の日本の統治と、植民地として歴史を歩んできたフィリピンは、一方では植民地支配を受け入れながらも、他方では植民地支配に抵抗する姿勢を随所で示してきた。

その象徴的存在が、スペインによる植民地支配からの脱却を図り、フィリピン独立運動の先頭に立ったホセ・リサールである。そして、リサールがフィリピンのナショナリズムの父として現在も国民の間で崇拝されている。事実こそが、「権力への抵抗」が共通の原体験となっている根付いていることを示している。これに加えて、フィリピン国民は、マルコス独裁体制を「下からの民主化」を通して倒した原体験も共有している。1986年の「エドゥサ」革命の数年前に、ベニグノ・アキノ元上院議員が暗殺された際、銃弾に倒れたアキノは、「フィリピン人のためなら死ぬ価値がある」と言ったと伝えられている。このメッセージは、その後の「エドゥサ」革命の時に、中間所得層、教会、貧困層、そして最後には軍部を巻き込む形で、階層を超えたフィリピン国民の連帯の実現に繋がった。

前章でも紹介した『物語フィリピンの歴史』の中で、鈴木静夫は、「時代を超えてフィリピン史に通底しているのは、なんといっても民族的抵抗の精神である」と総括している。同氏の指摘の通り、まさに「権力への抵抗」という歴史の積み重ねが、フィリピン人のナショナリズムの原点であり、この国の民主主義の拠り所になっているような気がしてならない。ちなみに、ナショナリズム研究の古典と言われる『想像の共同体』の中で、ベネディクト・アンダーソンは、ナショナリズムの源流について、以下のように解説している（白石さや・白石隆訳）。

「国民は一つの共同体として想像される。なぜなら、国民のなかにたとえ現実には不平等と搾取があるにせよ、国民は、常に、水平的な深い同志愛として心に思い描かれるからである。そして結局のところ、この同胞愛の故に、過去二世紀にわたり、数千、数百万の人々が、かくも限られた想像力の産物のために、殺し合い、あるいはむしろみずからすすんで死んでいったのである」

このアンダーソンの言説をフィリピンの歴史の中で解釈すると、「権力への抵抗」の精神が、フィリピン国民にとっての「想像の共同体」を作り上げたと言えるのかもしれない。こうした共通の原体験は、民族や言語などによるアイデンティティの不足を補完し、フィリピンにおける民主主義の定着・深化に大きな役割を果たしていることは間違いない。もっとも、「権力への抵抗」という共通の原体験は、既存の権力の打破が最終目標となっていることもあり、一旦その目的が達成されると、階層を超える形での国民的連帯が継続することを担保するものではない。現実には、それぞれの階層が目指しているものが同床異夢であるケースも少なくない。実際、マルコス政権打倒後のフィリピンにおいて、大統領の6年間の任期を通して政治が安定していた政権は、1992〜98年のラモス政権、2010〜16年のアキノ政権ぐらいしか存在しない。

中間所得層の拡大

こうした現状を踏まえた場合、フィリピンの民主主義を定着・深化させるためには何が必要なのだろうか。その議論に入る前に、民主主義の定着・深化の捉え方は人それぞれ異なるかもしれないので、その意味するところを簡単に整理しておきたい。

民主主義の原則には、国民主権、基本的人権の尊重、法の支配の確立、権力の分立、多数決原理などが挙げられる（例えば、米国務省が示している『民主主義の原則』を参照）。このうち、多数決原理とは、多数決によって意思決定を行うとともに、異なる少数派の意見も尊重することと一般的には理解されている。ただし、この多数決原理がうまく機能するためには、国の大きな方向性などの根幹部分について、大半の国民の間である種の暗黙の合意が成立していることが望ましい。そうでなければ、大局の判断のたびに国民の分断が引き起こされる危険性が増す。フィリピンの場合は、半ば固定化された格差の存在により、この暗黙の合意の形成が必ずしも容易ではない。こうした現実を踏まえ、本書では、フィリピンにおける民主主義の定着・深化を、「国民的連帯を実現し、民主主義の諸原則を尊重しつつ、汚職や犯罪が少なく、かつ格差が是正される公正な社会を実現すること」と定義したい。

このような意味で民主主義の定着・深化を進めるための最も正攻法のアプローチは、国民全体に広く行き渡る経済成長を持続的な形で実現し、中間所得層を飛躍的に増やすことだろう。中間所得層が拡大すれば、汚職や犯罪を一掃する声が強まり、これが原動力となって、公正な社会の実現が進む可能性がある。この点、近年のBPO産業の急速な発展は、フィリピン国内における中間所得層の拡大に確実に繋がっており、少なくとも当面は、国民の所得水準を底上げするだろう。また、第3章で指摘した通り、今後のフィリピンが、自動車産業など雇用を誘発する力の強い製造業の育成に成功すれば、中間所得層が一段と拡大することが期待される。

もっとも、このアプローチの難点は、それなりに長い時間を要することにある。実際、近年の高い経済成長率にもかかわらず、貧困率は高止まりしており、フィリピン国民の大半が中間所得層になるまでには、相当の年月がかかると考えるのが常識的だろう。

カギを握るのは大統領

中間所得層の拡大が息の長い話だとすると、当面は、どのアクターに民主主義の定着・深化の役割を期待すれば良いのだろうか。フィリピンにおける国家機構の脆弱性を前提とすると、行政や政党にその役割を期待することは無理がある。おそらく、フィリピンの民主主義の先行きは、最高権力者である大統領に誰がなり、どういったことを実現しようとするのか、という部分に多くを依存せざるを得ない。民主主義を定着・深化させる上で、国のトップが果たす役割はどの国でも大きいが、とりわけフィリピンの場合は、国家機構が脆弱であるがゆえに、逆説的に大統領個人が果たす役割やカリスマに期待せざるを得ない面がある。

それでは、２０１０～16年のアキノ大統領は、フィリピンの民主主義を定着・深化させることに成功したのだろうか。確かに、アキノ大統領は、前任のアロヨ大統領のもとで噴出した汚職・腐敗の一掃を掲げることで、一定の国民的連帯を実現し、フィリピンに政治の安定をもたらした。この面で、アキノ大統領の功績は非常に大きい。ただし、２０１０～16年の政治的安定をもって、フィリピンの民主主義が新たなステージに入ったと評価することは時期尚早であろう。なぜなら、アキノ政権は、汚職や腐敗の一掃や貧富の差の解消を通じた公正な社会の実現を目指したものの、その歩みはあくまで漸進的なものであった。結果的に、経済的・社会的不平等の是正、汚職・腐敗の撲滅を通した公正な社会の実現、犯罪の少ない社会の実現、といった構造的な問題の解決は、後世の大統領に委ねられたと言って良いだろう。

軍人か、国民的英雄パッキャオか？

階層を超えた国民的連帯を実現し、民主主義の諸原則を尊重しつつ、公正な社会を実現するには、どういった人物が大統領として適任なのだろうか。筆者も完全な答えを持ち合わせている訳ではないが、ひとつの可能性は、汚職や腐敗に毅然《きぜん》とした態度で向き合える、清廉潔白な軍人を大統領に選ぶ選択だ。元軍人の大統領というと、1992〜98年に大統領を務めたフィデル・ラモスが思い出される。ラモス大統領は、経済特区の設立を通して外国企業の誘致を進めたほか、死刑の復活などを通して治安の改善にも取り組むなど、フィリピンがそれ以前の低迷期から抜け出す足がかりを作ったと高く評価されている。

1986年の「エドゥサ」革命の際、軍部は、最終的にはマルコス大統領を見限り、国民の側に味方して民主化運動をサポートした。その意味で、軍部は、「下からの民主化」という国民の原体験を共有した存在と言え、元軍人の大統領は、階層を超えた国民的連帯を実現できる可能性を潜在的に有している。また、フィリピンでは、軍部が政権からの自律性を一定程度有している存在であるからこそ、軍部出身の大統領であれば、軍部を掌握しやすいというメリットもある。これに加えて、元軍人という立場は、フィリピン社会の大きな問題である行政の汚職や腐敗に対して、相対的には毅然とした態度で向き合える可能性が高い。もちろん、軍部出身者は、

フィデル・ラモス（1993年3月）

経済政策に必ずしも精通していないかもしれないが、ラモス政権の実績をみれば、過度に心配する必要はないだろう。

もうひとつの可能性は、貧困層出身で立身出世した成功体験を持ちながらも、謙虚さを兼ね備え、かつエリート層も含めてフィリピン国民全体からの尊敬を集められるカリスマ的人物が大統領になる道ではないだろうか。果たしてそんな人物がいるのかと思うかもしれないが、ひとり名前を挙げるとすると、最強ボクサーの異名を持つ、マニー・パッキャオが思い浮かぶ。パッキャオは、2016年5月の上院議員選挙で当選し、気の早い人々の間では、将来の大統領候補との声も出ている。ミンダナオ島の貧しい農家出身というバックグラウンド、ボクシングで6階級制覇を成し遂げた偉業、チャンピオンになっても変わらない謙虚な姿勢などを総合すると、仮にパッキャオ大統領が実現した場合には、階層を超えた国民的連帯のもとで民主主義が深化し、固定化された経済的・社会的不平等を是正する方向で、経済改革が着実に進む可能性もあるかもしれない。

フィリピンでは、階層が固定化されている中で大統領制を採用していることもあり、アキノ前大統領のように超エリート政治家が大統領となるケースも多い。一方、その真逆で、政治経験をあまり有しない人物の大衆迎合的な訴えが貧困層の支持を集め、そうした人物が大統領に選ばれるケースも存在する。その代表例が1998年に大統領となった俳優出身のエストラーダである。しかし、エストラーダ政権のもとでは、汚職や腐敗が後を絶たず、中間所得層などからの批判を浴びる形で、エストラーダ大統領は任期半ばで退陣を余儀なくされた。中間所得層は、貧困層の救済だけを声高に謳うポピュリスト的な政治を忌み嫌う傾向があり、その意味では、貧困層出身で政治経験が少ないパッキャオが大統領となった場合、エストラーダ政権の二の舞となる可能性がない訳ではない。ただし、パッキャオは階層を超えた国民的英雄であるだけに、将来を彼に託す選択もあり得るのではないだろうか。

3　諸刃の剣のドゥテルテ大統領

ドゥテルテ大統領誕生の背景

2016年6月にフィリピンの第16代大統領に就任したドゥテルテは、階層を超えた国民的連帯を実現し、フィリピンを汚職や犯罪の少ない公正な社会に導けるのだろうか。筆者は、ドゥテルテ大統領は、フィリピン社会の構造的な問題を改善させる可能性を秘める一方、同氏の強権的手法は、民主主義の基本原理を逸脱しており、この国の民主主義を大きく後退させるリスクも内包していると考えている。その意味で、諸刃の剣のような存在と言える。

2016年の大統領選挙において、当初は泡沫候補と思われていたドゥテルテは、アキノ

ロドリゴ・ドゥテルテ（2016年10月）

路線の継承を訴えていたロハス内務・自治相やポー上院議員などに圧勝した。最大の勝因は、既存の政治に対する不満の声の受け皿となったことにあった（もちろん、アキノ大統領が自身の後継候補を一本化できなかったことも、ドゥテルテ大統領誕生の大きな追い風となった）。2010～16年のアキノ政権は、フィリピン史上でも特筆すべき経済成長を実現したが、その恩恵は必ずしも国民全体には行き渡らず、貧困問題、犯罪や汚職、インフラ不足など、この国が抱える構造的な問題が解決された訳ではなかった。

こうした中、「犯罪者は必要であれば殺す」といったドゥテルテの歯に衣着せぬ過激な発言や、犯罪や汚職に対する毅然としたスタンスは、「むしろ現状を改革してくれるのではないか」との期待感を貧困層中心に抱かせた。こうした貧困層からの支持だけでなく、ドゥテルテは中間所得層や海外の出稼ぎ労働者からの支持を得ることにも成功した。中間所得層は、アキノ政権下の経済成長の恩恵を最も受けた層ではあるが、マニラ首都圏の交通渋滞に代表されるように、インフラの整備がなかなか進まない現状への不満が大きかった。また、海外の出稼ぎ労働者も、犯罪や汚職が減らず、国内の雇用機会がなかなか増えない母国の現状を憂え、新しいリーダーに未来を託した。

やや長い時間軸で捉えると、2016年の大統領選挙は、「エドゥサ」革命から30年間の民主政治のもとで、フィリピンが抱える根深い問題がほとんど解決されていないことに対する不満が、既存の政治にノーを突き付けた結果とも言える。もちろん、貧困層、中間所得層がドゥテルテに票を投じた思いはそれぞれであり、同床異夢の面がないとは言えないが、そうであっても、フィリピンが抱える構造的な問題を解決して欲しいという思いは共通している。その意味では、ドゥテルテの勝利は、20世紀末のエストラーダ政権のような単純なポピュリズムの再来と呼ぶのはふさわしくない。むしろ、構造的な問題の解決に向けて、階層を超えた国民的連帯が実現した側面もある。

強権的手法を支持する声

ドゥテルテ大統領の誕生は、犯罪や汚職の少ない公正な社会を実現するために政府が強権を発動することに対して、フィリピン国民が一定のお墨付きを与えたことを意味する。これは、歴史上、国民の共通体験が「権力への抵抗」という形で示されてきたフィリピンにおいて、国民が規律のある統治を求めた新しい動きと言える。別の見方をすれば、構造的な問題の解決を願うフィリピン国民の声は、それだけ切実なものとなっている。

こうした国民のお墨付きを背景に、ドゥテルテ政権は、選挙公約通り、麻薬犯罪の容疑者を大量に殺害するなど強権的手法に訴えている。２０１６年12月時点では、ドゥテルテ政権が掲げる麻薬撲滅戦争における死者は約６０００人と、毎月１０００人以上の死者が出ている計算となる。なお、フィリピン政府は、約６０００人の死者のうち、警察の捜査時に殺害されたものが約２０００人、警察の捜査とは関係なく殺害されたものが約４０００人としている（後者には、同国の麻薬犯罪組織による口封じ目的の殺害等が含まれている）。ドゥテルテ政権のやり方は、基本的人権の尊重や法の支配といった民主主義の基本原理を逸脱していると言わざるを得ない。実際、国際連合は、「超法規的な処刑」であるとして、フィリピン政府に対する批判を強めている。

もっとも、犯罪の少ない社会の実現はフィリピンの積年の課題であり、過去の政権の取り組みが功を奏して来なかった以上、強権的な手法を一切否定することは、フィリピンが置かれている状況を理解しないナイーブな議論であろう。実際、本書執筆の段階では、国民の多くは、自分の家族が超法規的殺人の犠牲になる可能性に不安を感じながらも、ドゥテルテ大統領が進める麻薬犯罪対策には支持を表明している。フィリピン国民の声を聞くと、教会を中心にドゥテルテのやり方を強く批判する声があることは事実だが、ドゥテルテは過去の政権がみてみぬ振りをした問題に取り組み、少なくとも一定の成果を挙げていると評価する声も多い。従って、短期間で犯罪の減少という目にみえる成果が出るのであれば、民主主義の基本原理の一時的な逸脱は、この国ではある程度目をつぶるべき性質のものかもしれない。

強権政治のリスク

しかし、こうした強権的手法が目にみえる成果を生まず、一段とエスカレートしていった場合には、この国が「エドゥサ」革命以降に育んできた民主主義が大きく後退することになりかねない。また、2010〜16年のアキノ政権が培ったフィリピンに対する海外からの信認が失われるリスクも存在する。さらに、ドゥテルテが強権的手法を継続した場合には、民主主義の基本原理を重視する勢力を中心に、クーデターでドゥテルテを追い落とす動きが起きてこないとも限らない。実際、ドゥテルテ政権は、過去に戒厳令を出して独裁体制を敷いたマルコス政権と同様の独裁に向かっているとして、そのやり方を批判する声が出ていることも事実だ。

仮に、教会、市民団体、軍部、野党の4勢力が反ドゥテルテで結束し、政権の打倒を目指す動きが広まった場合には、フィリピンの政治は再び混乱の渦に飲みこまれかねない。もちろん、ドゥテルテ大統領が高い支持率を維持している間は、クーデターの心配をする必要はないと思うが、仮に支持率が落ち込み、反ドゥテルテの動きが広まった場合には、とりわけ軍部の動きがポイントとなる。1986年の「エドゥサ」革命では、軍部が最終的にマルコス政権を見限ったことで、政権が打倒されたことを踏まえると、ドゥテルテ大統領としては、軍部を味方につけておくことが鉄則と言える。彼自身もこのことは良く分かっており、政権発足以降、軍の駐屯地を精力的に視察するなど、軍部との関係には相当気を使っているように見受けられる。

いずれにしても、本書の執筆段階では、ドゥテルテ政権下の6年間でこの国の民主主義がどういう姿になるのかを占うことは時期尚早であろう。ひとつ言えることは、貧困層と中間所得層から幅広い支持を得て大統領となったドゥテルテは、「フィリピンが抱える構造的な問題を解決して欲しい」という国民の思いを託されており、政治的資本を有している。こうした政治的資本を活かしつつ、強権的手法と民主主義の基本原理のバランスを保ちながら、フィリピンが抱える各種の構造的な問題が少しでも解決の方向に向かうことを期待したい。

第6章　地政学でみるフィリピン、そして日本

1　東アジアの地政学

フィリピンの歴史は、大国との関係のあり方を抜きにしては語れない。過去数百年の歴史を振り返ると、①16世紀半ばから19世紀末まではスペイン、②1898年の米西戦争後から20世紀半ばまでは米国、③この間、20世紀半ばの数年間は日本と、フィリピンは異なる国の統治下に置かれた。この期間は、宗主国との関係のあり方が国の歩みそのものだった。その後、長年の「植民地の歴史」に終止符が打たれた20世紀半ば以降は、米国の同盟国（安全保障面に関しては、従属国と呼んだ方が正しいかもしれない）という立場を貫くことで、対外関係

は一時的に安定した。

もっとも、近年は、中国の台頭に伴う国際秩序の大きな環境変化の渦に巻き込まれている。その最たる例が、南シナ海を巡る中国との領有権問題であり、同地域は、米国と中国のパワーゲームの場と化している。その結果、フィリピンは、米国と中国の狭間でどう立ち回っていくのかという問題に直面し、外交上のバランスの取り方に腐心している。本章では、フィリピンの対外関係を考えるが、まずは、20世紀後半の東アジアの国際秩序の大きな枠組みから振り返ってみよう。

20世紀後半の東アジアの国際秩序

第二次世界大戦後、フィリピンを含め東南アジア諸国は、次々と独立を果たしたが、この地域は、「力の真空」によって不安定化することなく、米国主導の国際秩序に組み込まれていった。米国主導の国際秩序は、共産主義の拡大という脅威に対抗することを主眼としており、安全保障と経済の両面から成り立っていた。

第一の柱である安全保障は、冷戦下の共産主義の封じ込めが最重要課題であり、米国は、東アジアの多くの国と二国間の安全保障条約を締結するとともに、戦略的に重要な地域には米軍基地を置く体制を築いた。具体的には、二国間の安全保障条約は、日本、韓国、台湾、フィリピン、タイと、数多くの国と結ばれた。米軍基地についても、日本、韓国、フィリピンなどに置かれ、米国は東アジア全域を監視する体制を敷いた。この時代、米国は文字通り、東アジアにおける警察官の役割を担っていたと言える。

フィリピンは、1947年に軍事基地協定、1951年に相互防衛条約を米国と締結し、米国主導の東アジアの国際秩序に組み込まれていく。米国のフィリピンにおける軍事基地（クラーク航空基地とスービック湾海軍基地）は、米国の海外の軍事施設としては極めて規模が大きく、米軍の将兵が1万人以上駐留したほか、フィリピン人も数万人規模で雇われた。フィリピンは、米国主導の東アジアの国際秩序の一翼を担ったが、裏を返せば、安全保障の分野では米国依存の体制を取り続けることになった。フィリピンの軍事予算は、近年は増加傾向にあるものの、2015年時点では20億ドル強（英国のシンクタンク国際戦略研究所の報告書『ミリタリー・バランス2016』に基づく）と規模は非常に小さく、同国は自衛力に乏しいが、その背景にはこうした歴史的な経緯が存在する。ちなみに、同じ報告書によれば、中国の軍事予算は約1500億ドルとなっている。

フィリピンの政治的選択は、以下の二つの理由から、極めて当然の帰結であった。第一に、1898年の米西戦争以降、フィリピンは米国の植民地であり、クラーク航空基地、スービック湾海軍基地とも、当時から米国に利用されていた。より正確に言うと、クラーク航空基地は、20世紀初めに米国が建設した。一方、スービック湾海軍基地は、19世紀後半にスペインが建設したものであり、米国は米西戦争以降、同基地を利用することになった。第二に、米国は、東アジア全体を見渡せるという地理上のメリットから、フィリピンを戦略上の重要な拠点と位置付けていた。このため、フィリピンからすれば、米国に追従することのメリットが大きかった。

三角貿易

第二の柱である経済分野に目を向けると、米国は、工場としての役割を東アジアに求め、その中心に位置付けられたのが日本であった。その際、東南アジア諸国は、基本的には原材料を日本に輸出する存在として意識されていた。もっとも、1980年代以降、とりわけ急速な円高が進んだ1985年のプラザ合意以降は、東南アジア諸国も、自ら工場の役割を果たしていくことになった。それに至る過程で、日本は東南アジア諸国と戦後の賠償交渉を決着させ、政府開発援助（ODA）による経済協力、プラザ合意後の日本企業の進出などを通じて、この地域の経済発展に大きく貢献した。

それでは、1980年代以降、東南アジア諸国はどういった形で工場としての役割を果たしたのだろうか。それを理解するためのキーワードは、東アジア域内における生産工程の分業である。生産工程の分業の典型的なパターンは、①日本やＮＩＥｓが付加価値の高い中間財（部品・加工品）を生産し、中国や東南アジア諸国に輸出する、②中国や東南アジア諸国は、中間財（部品・加工品）の組み立てを行って最終財を生産し、米国などの先進国に輸出する、というものである。こうした三角貿易は、最終財の組み立ては労働集約的であるため、賃金が相対的に低い国（東アジアの場合は、中国や東南アジア諸国）で行うことが最適であることを前提にしている。東南アジア諸国は、１９８０年代後半以降、三角貿易の一翼を徐々に担い、工場としての役割が次第に大きくなった。

フィリピンも、こうした東アジア域内における生産工程の分業体制に組み込まれていったが、製造業の育成が遅れたこともあり、工場としての役割を十分に果たした産業は、エレクトロニクス関連に限られた。一方、同じ東南アジアでも、タイは、いち早く域内の生産工程の分業体制に組み込まれ、自動車産業を中心に工場としての存在感を増していった。さらに21世紀に入った後は、組み立てによる最終財の生産という役割にとどまらず、部品等の中間財の生産も自国で進めるようになり、三角貿易の枠を超え、有数の自動車生産国になった。

以上を簡単に整理すると、20世紀後半の東アジアの国際秩序は、パックス・アメリカーナ（アメリカの平和）を前提として、各国が域内の安全保障を米国に肩代わりしてもらうものだった。一方、経済面では、米国、日本、東南アジア諸国がトライアングルを形成しつつ、貿易を拡大させる体制であった。当然、こうした国際秩序は、フィリピンにとって居心地の良いものであった。もちろん、国内に大規模な米軍基地を抱えることは、世論の風向き次第で、基地の存在が政治問題化するリスクを抱えていた面があり、難しさがない訳ではなかった。実際、このリスクは、後述する通り、１９９０年代に顕現化することになる。

冷戦終結後の変容——米軍撤退

米国主導の安全保障体制は、冷戦終結に伴い、少しずつ変容していく。例えば、米国の政治学者ケント・カルダーは、著書『米軍再編の政治学』の中で、ベルリンの壁の崩壊から米国における同時多発テロの発生までの期間に、米軍の世界的なプレゼンスが減少したことを指摘している（同氏は、①米軍基地受入国の数、②海外基地の絶対数、③海外に恒久的に配置されている米軍将兵の数、の三つの尺度で評価を行っている）。東アジアもその例外ではなく、米軍基地や米軍将兵の減少といった事態に直面する。もっとも、東アジアの場合は、冷戦終結後も、朝鮮半島の問題や中台関係など、火種が残ったこともあり、二国間条約および米軍基地を軸とした域内の安全保障の枠組みは、ほぼ変わらずに維持された。

この間、東アジアの中で、米国のプレゼンスの低下が最も顕著となったのがフィリピンであった。当時、米国とフィリピンの政府間では、冷戦の終結に伴い、米軍基地の兵力の削減は既定路線であった。もっとも、フィリピンでは、アキノ政権のもとで民主主義が復活する中、基地問題において世論の影響力が強まり、事態は思わぬ方向に展開する。時を同じくして、ピナツボ火山の噴火で米軍基地が大きな被害を被ったことも、基地問題を複雑なものにし、1991年にはフィリピンの上院が、基地協定の期限延長に反対する事態が生じてしまう。その結果、最終的には、米国はフィリピンから撤退せざるを得ない状況に追い込まれる。

前述の『米軍再編の政治学』の中で、ケント・カルダーは、外国軍の撤退事例は、①受入国の意向によるもの、②戦略的撤退によるもの、に大別されるとした上で、フィリピンのケースは、間違いなく前者であったと回想している。同氏が指摘する通り、米国のフィリピンからの撤退は必ずしも戦略的なものではなかったが、冷戦が終結していなければ、米軍基地の撤廃を求めるフィリピン国民の声が大きなうねりとなることもなかったと思われる。いずれにしても、米軍のフィリピンからの撤退は、米国とフィリピンの両政府が当初想定していたシナリオではなかった。そして、この結末は、南シナ海において力の真空を生じさせ、結果的には、この地域における中国の力の行使を許すきっかけとなってしまう。

中国の台頭

20世紀後半に確立した米国主導の東アジアの国際秩序を揺るがしているのが、中国の急速な台頭である。中国は、1980年代に改革開放路線に舵を切って以降、急速な経済成長を続けているが、少なくとも21世紀初頭までは、「韜光養晦《とうこうようかい》」と呼ばれる外交方針（姿勢を低く保ち、強くなるまで待つという方針）のもと、既存の国際秩序に挑戦する野心を示すことはなかった。しかし、21世紀に入ってからも高度成長が続き、2010年には名目GDPで日本を抜き、米国に次いで世界第2位になると、中国は次第に自信を深めていった。また、2008年のリーマン・ショック後には、景気刺激として4兆元規模（日本円にすると約57兆円）の経済対策を講じ、先進国が金融危機の後遺症に苦しむ中、世界経済の底入れにも一定の貢献を果たした。

こうした中、近年の最大の変化は、中国が米国主導の東アジアの国際秩序に挑戦する姿勢を示し、様々な軋轢《あつれき》を生じさせていることにある。安全保障の分野に関して言えば、中国は、南シナ海への進出を加速させており、同地域の実効支配、軍事拠点化を進めている。南シナ海は、原油や天然ガスなどの海底資源だけでなく、漁業資源も豊富である。また、中東から日本、中国、韓国に向かう石油タンカーが通る重要な航路にもなっている。このため、この地域を支配することの軍事上の意味合いは大きい。

近年の中国の動きをみると、2012年にスカボロー礁を事実上支配したほか、2014年以降は、南沙諸島において大規模な埋め立てを急ピッチで進め、飛行場や港湾などのイン

図表6－1　南シナ海における中国の進出

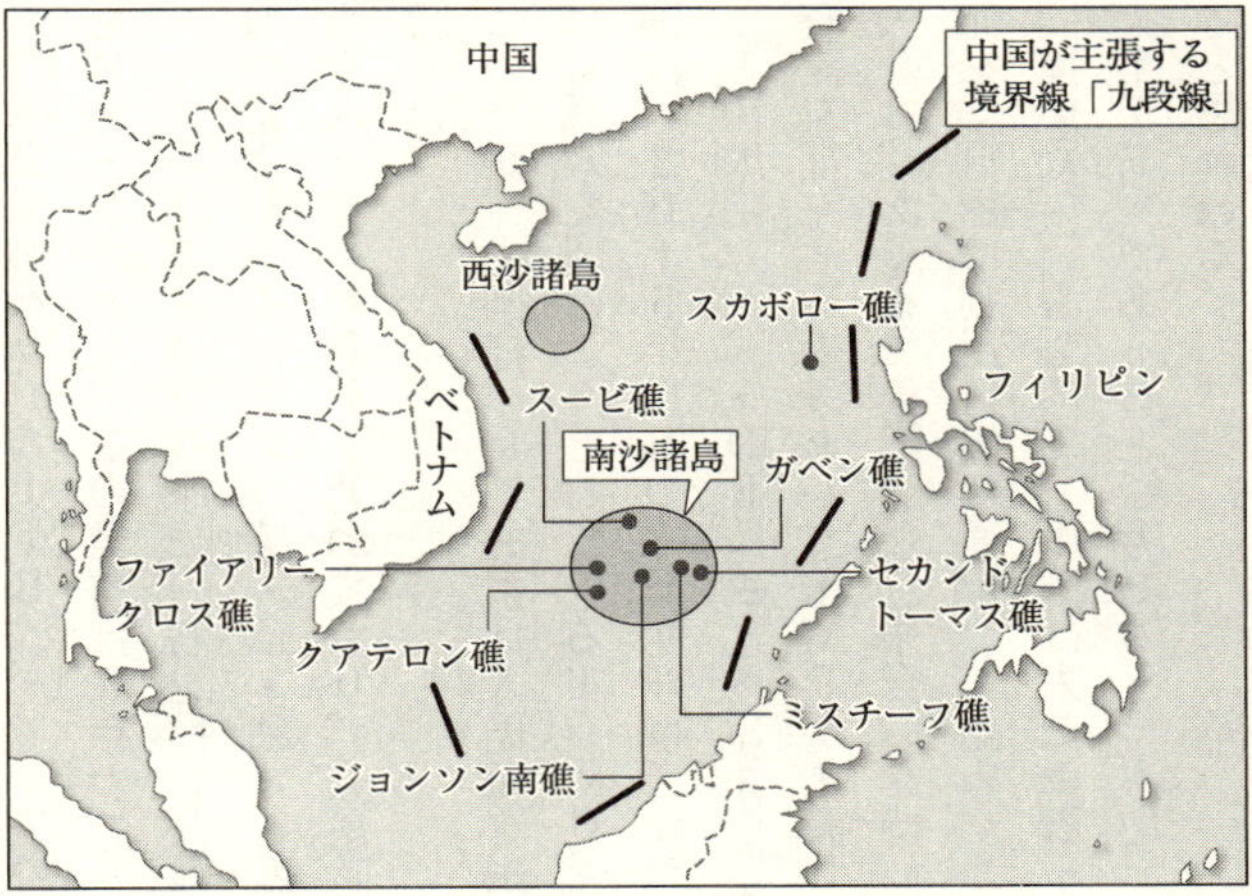

（出所）『日本経済新聞』2016年7月13日付の地図をもとに作成

フラ施設、軍事施設を建設している（図表6-1）。この間、中国は、独自に設定した「九段線」の海域内には中国の主権、管轄権が及ぶとして、自国の進出の正当性を一貫して主張している。こうした中、南シナ海の南沙諸島、西沙諸島、周辺海域の領有権を巡っては、フィリピンやベトナムなど近隣諸国と中国との対立が強まっている（この問題に関するフィリピンのスタンスについては後述する）。

中国は、経済分野でも攻勢をしかけており、第二次世界大戦以降に確立されたＩＭＦ・世界銀行を中心とするブレトンウッズ体制に挑戦する姿勢を示している。その最たる例が、２０１５年に中国が主導したアジアインフラ投資銀行（ＡＩＩ

B）の設立であろう。AIIBは、アジアのインフラ需要に対して長期の資金を供給することを目的としており、その業務は既存のアジア開発銀行と重複する。その意味では、中国が、東アジアの経済・金融秩序に一石を投じたことは確かである。米国と日本は、AIIBへの参加を見合わせているが、英・仏・独など欧州の主要国や、日本を除く東アジアの大半の国は設立メンバーに名前を連ねており、発足時点で計57か国と、当初の想定以上の国の参加が実現した。

このほか、中国は、長期的には人民元を国際通貨とし、ドルを基軸通貨とする国際通貨体制にも風穴を開けようとしているように見受けられる。それに向けた重要なステップとして、中国は、2015年11月のIMF理事会において、IMFのSDR構成通貨に人民元を加えることに成功した。SDR（Special Drawing Rights）は特別引出権と訳され、加盟国の外貨準備資産を補完する手段としてIMFが創設した国際準備資産を指す。人民元のSDR構成通貨入りは、あくまで象徴的な意味合いを持っただけではあるが、そうであっても、IMFが人民元を「自由に利用可能な通貨」と認めたことを意味し、人民元の国際化を後押しすることは間違いない。もちろん、中国は未だに資本規制が厳しいほか、東アジアの貿易の決済通貨の大半がドルであることを考えると、人民元が真の国際通貨となるまでには相当の年月を要すると思われる。

米国の東アジア回帰

こうした中国の台頭を受けて、２００９年1月～17年1月のオバマ政権における米国の外交方針は、東アジア回帰が鮮明となった。米国の東アジア回帰の方針が公式の場で最初に示されたのは、第一次オバマ政権のクリントン国務長官（当時）のハワイにおける演説（２０１０年1月）であると理解されている。具体的には、「アジアにおける地域アーキテクチャー：原則と優先課題」と題する講演の中で、クリントンは「米国はアジアに戻る（the United States is back in Asia）」という強いメッセージを発した。同年10月には、同じホノルルで、クリントン国務長官は「米国のアジア太平洋地域への関与」と題する演説を行い、アジア回帰の姿勢を一段と具体的に示した。

オバマ大統領も、２０１１年11月のオーストラリア議会における演説で、東アジア回帰の姿勢を強く示した。演説の中では、「米国は、アジア太平洋地域の大きな潜在力に関心を向けつつある」と言及した上で、「我々は、この地域で強力な軍事的プレゼンスを維持するために必要な資源を配分する」意向を表明した。こうした米国の東アジア回帰の背景には、２００１年の同時多発テロ以降の大きなテーマであった、イラクとアフガニスタンの問題がおおむね収束に向かったことも大きいが、台頭著しい中国への対応が念頭にあったことは間違いない。

アキノ外交の基本方針

中国の台頭、それを受けたオバマ政権の東アジア回帰という文脈の中で、フィリピンの基本的な立ち位置はどう変わったのだろうか。2016年6月に就任したドゥテルテ大統領の基本方針に話を移す前に、まずは、2010〜16年のアキノ政権の外交を振り返ろう。

アキノ外交の大きな特徴は、中国の台頭を脅威と認識し、米国との連携強化の方向性を明確に打ち出したことにある。例えば、南シナ海問題を巡っては、中国の一方的な現状変更の動きに反発を強め、2013年には、この問題を国際司法の場に持ち込んだ。具体的には、フィリピンは、南シナ海における紛争を、国連海洋法条約に基づく仲裁手続きに付した。ちなみに、国家間の海の紛争を解決する裁判所には、国際司法裁判所、国際海洋法裁判所、仲裁裁判所、特別仲裁裁判所が存在する。このうち、仲裁裁判所は、一方の当事国のみで仲裁手続きを開始することが可能となっており、アキノ政権はこの駆け込み寺をうまく活用したのである（仲裁裁判所の最終的な判断については後述する）。

米国との連携強化は、とりわけ安全保障の分野で顕著となった。具体的には、米国とフィリピンは2014年、米軍のフィリピン展開を強化する新軍事協定に署名した。新しい協定は、米軍によるフィリピン軍基地の利用を認めるものであり、米軍は二十数年振りにフィリピンに駐留することが可能となった。なお、新軍事協定を巡っては、フィリピンの元上院議員が違憲との訴えを提起していたが、フィリピンの最高裁判所は2016年、同協定を合憲と判断し、法的なハードルもクリアされた。前述した通り、フィリピンは、1990年代に米国の軍事基地の撤廃を決断した過去があるが、東アジアの国際秩序を取り巻く大きな環境変化の中で、アキノ政権は、同盟国の米国との連携強化という、言わば冷戦中のモデルに回帰した。

フィリピンの軍事力は中国に圧倒的に見劣りするため、フィリピンが単独で、南シナ海における中国の進出を食い止めることは事実上不可能である。従って、中国が東アジアの国際秩序を脅かす存在になればなるほど、フィリピンが、ASEANの枠組みを使って域内の連携強化を図ったり、同盟関係を重視して米国との連携強化に舵を切ることは、ある意味では当然の選択と言える。しかし、東アジア域内の環境が大きく変化するもとで、フィリピンとしては、以下のような現実も意識せざるを得なくなっている。

第一に、ASEANの中でも、中国の台頭への向き合い方は決して一枚岩ではなく、国によって立ち位置が随分と異なっている。各国のスタンスは、①中国と領土問題を抱えているかどうか（中国と領土問題を抱えており、簡単には譲歩しないスタンスの場合は、米国との連携強化が意識されやすい）、②米国との同盟関係が既に存在しているかどうか（米国と同盟関係にあれば、相互の信頼関係から、米国との連携強化を図りやすい）、によって変わり得る。この点、フィリピンは、ASEANの中で唯一、両方の要素を満たす国である。他の国をみると、例えばタイは、米国の同盟国ではあるが、中国と国境を接しておらず、領土問題を抱えていない。

第二に、仮にフィリピンが中国を脅威として認識し、安全保障の分野で米国との連携強化を図るにしても、経済への影響を考えると、中国との関係を度外視することは無理がある。例えば、近年のフィリピンの貿易構造をみると、中国からの輸入は、輸入総額の15％程度を占めており、相手国別ではトップとなっている。また、中国向け輸出に関しても、輸出総額の10％程度を占めており、日本向け、米国向けに次ぐ規模となっている。その意味では、中国は重要な貿易パートナーであり、中国との関係をいたずらに悪化させることは得策ではないという現実がある。また、AIIBの設立に代表されるように、中国はアジア各国のインフラ投資を支援する姿勢を鮮明にしているため、インフラ不足に悩むフィリピンとしては、中国の顔色も窺《うかが》わざるを得ない。実際、AIIBへの参加に関して、フィリピンは当初、南シナ海の問題や日米との関係などを考慮して設立協定への署名を留保していたが、最終的には署名を決定した。

南シナ海判決とドゥテルテ外交

経済分野における中国の存在感の高まりを踏まえると、フィリピンとしては、米国との連携強化に傾斜するのではなく、米国と中国の双方を天秤《てんびん》にかけ、両国からなるべく有利な条件を引き出す外交を実践する選択肢も存在する。２０１６年６月に誕生したドゥテルテ政権は、中国に対して厳しいスタンスを貫いていたアキノ政権と異なり、中国との関係改善の道を探っている。この背景には、インフラ投資に代表される様々な経済的支援を得たいという、フィリピン側の思惑も透けてみえる。ドゥテルテ政権誕生後のこうした路線修正は、仲裁裁判所による南シナ海問題を巡る判決への対応にも如実に表れている。

２０１６年7月、国連海洋法条約に基づく仲裁裁判所は、２０１３年にアキノ政権が国際司法の場に持ち込んだ南シナ海問題に関して、フィリピンの申し立て内容を全面的に認める司法判断を下した。仲裁裁判所の判断のポイントは、主に以下の三点に集約される。第一に、中国が設定している境界線「九段線」には、主権を主張する国際法上の根拠がないと認定した。第二に、南沙諸島のいかなる地形もスカボロー礁も、国連海洋法条約上の島ではなく、中国は排他的経済水域を有しないと認定した。第三に、中国のスカボロー礁におけるフィリピン漁民の締め出しは、国際法違反であると認定したほか、人口島建設に関する中国の環境保護義務違反なども認定した。

司法判断を受け、ドゥテルテ大統領は施政方針演説の中で、「我々は仲裁裁判の判決を強く支持し、尊重する」と述べたものの、判決後初のASEAN首脳会議の場では、中国批判を抑制した。また、米国や日本が、「仲裁判断は紛争当事国を法的に拘束する」と主張し、中国が仲裁判断に従う必要性を主張する中、ドゥテルテ大統領は、ラモス元大統領を特使として派遣するなど、中国との二国間協議を排除しない姿勢を示した。一方の中国は、「判決は無効で、中国は受け入れない」との声明を発表し、強気の姿勢を崩していないが、フィリピンと二国間協議を行い、あの手この手を使って司法判断を棚上げさせたいとの思惑が存在する。

こうした中、2016年10月のドゥテルテ大統領の初の訪中では、フィリピン政府が中国との対話を重視する姿勢が鮮明となり、アキノ路線からの転換が明確となった。共同声明では、仲裁裁判所の判決への言及はなく、南シナ海問題は、当事国同士の話し合いで平和的に解決することが明記され、フィリピンが中国側の意向に配慮した形となった。その一方、フィリピンは、インフラ建設などの経済協力の推進を引き出すことに成功した。中国側からの公式な発表はなかったが、訪中に随行したロペス貿易産業相は、経済協力で合意した内容は、総額240億ドルに上ったと明かしている。

米国から離反する動き

バランス外交を目指して中国との関係改善を図るだけであれば十分に理解できるが、ドゥテルテ大統領は、米国を刺激する発言を繰り返すなど、アキノ政権が連携を強化してきた米国との関係を見直す姿勢を示し、自主外交の旗を振っている。例えば、２０１６年9月のＡＳＥＡＮ首脳会議の場では、米国が麻薬犯罪人の殺害を問題視するとみるや、米国によるフィリピン統治時代の話を持ち出し、米国には人権を語る資格はないとの批判を展開した。対米外交に関しても、ドゥテルテ大統領は、フィリピン海軍と米軍艦船による南シナ海の共同パトロールを見合わせる方針を示したほか、「米国とは決別する」、「外国軍部隊は2年ほどで出て行って欲しい」、「米国の大使にはスパイが多い」と発言するなど、暴言が目立っている。

こうした発言に対しては、フィリピン国内でも懸念する向きが多いが、米国への従属を嫌うドゥテルテ大統領の姿勢が一定の支持を集めていることも事実だ。フィリピン国民の間では、米国に対しては総じて憧れの思いが強いが、ドゥテルテ大統領は、米国に蹂躙《じゅうりん》されてきたフィリピンの歴史を強調することで、自主外交路線への支持を集めようとしている節がある。

本書の執筆段階では、南シナ海問題の展開を予見することは困難だが、①フィリピンと中国の二国間協議が進展し、両国の間で何らかの妥協点が見出されるのか、②今回の司法判断をきっかけとして、中国がASEANとの間で、法的拘束力を持つ「南シナ海行動規範（COC）」の策定に本腰を入れるのか、といった点などが注目される。南シナ海問題がどういう展開を辿るにせよ、フィリピンとしては、ASEANの枠組みの活用、安全保障面における米国との連携、中国との妥協点の模索、という三次元で最適解を探っていかざるを得ない。この舵取りはそう簡単なことではないだろう。

ドゥテルテ政権の誕生以降、フィリピンの外交方針が大きく見直されているように、民主主義国家のフィリピンの場合、大統領選挙のたびに外交の軸も変わり得る。ただし、中国が送る秋波に応える時期があったとしても、①中国が南シナ海問題を核心的利益と位置付けていることや、②フィリピンと米国が長年の同盟関係にあることなどを踏まえると、米国が東アジア回帰の姿勢を維持する限り、最終的には、フィリピンは米国との関係も重視せざるを得ないと考えるのが自然だろう。従って、フィリピンが米国から完全に離反するシナリオも考えにくい。

大きな不確実性があるとすると、2016年11月の米国大統領選挙でトランプ候補が勝利したことで、トランプ政権のもとで、米国の東アジア回帰の姿勢が維持されるかどうかという点であろう。その意味で、ドゥテルテ政権がトランプ政権との関係をどう構築するのかという点は、今後の東アジアの地政学を考える上で大きなポイントとなる。いずれにしても、日本にとってフィリピンは極めて重要な存在であり、同国との関係を重視する意義は大きい。以下では、本書の締め括りとして、日本とフィリピンの関係を考えてみたい。

２　日本とフィリピンの和解の歴史

近年の友好関係

近年、日本とフィリピンは、両国首脳の往来の状況からも分かる通り、極めて友好的な関係を構築している。２０１２年末の安倍政権成立時を振り返ると、２０１３年７月には、政権発足後わずか半年ほどのタイミングで、安倍首相は日本の総理大臣として６年半振りとなるフィリピン訪問を行った。アキノ大統領との会談では、戦略的パートナーシップの強化に向けて両国が緊密に連携することで一致した。また、安倍首相は、対フィリピン外交のイニシアティブとして、①活力ある経済を共に育む、②海洋分野での協力促進、③ミンダナオ和平プロセス支援の強化、④人的交流の促進を表明した。

２０１５年６月には、アキノ大統領が国賓として迎えられる形で来日した。日本側は、天皇皇后両陛下との会見や参議院での国会演説を調整するなど、最大限の誠意を持ってアキノ大統領を歓待した。首脳会談では、「地域及びそれを超えた平和、安全及び成長についての共通の理念と目標の促進のために強化された戦略的パートナーシップに関する日本―フィリピン共同宣言」が合意され、両国関係の一段の強化が図られた。さらに、2016年1月には、天皇皇后両陛下が、両国の国交回復60周年を記念してフィリピンを訪問した。

2016年6月のドゥテルテ政権発足後も、良好な関係は継続している。安倍首相は、早速9月にドゥテルテ大統領と会談し、南シナ海問題で両国が協力を強化することを確認した。この会談の場では、大型巡視船2隻の供与や海上自衛隊の練習機の貸与などがフィリピン側に伝えられた。また、10月にはドゥテルテ大統領が訪日し、首脳会談では、南シナ海問題の平和的解決、法の支配の重要性などが確認された。経済協力に関しては、農業開発支援やインフラ整備の支援が日本側から伝達された。

2017年1月には、安倍首相は、その年の最初の外遊先としてフィリピンを訪問し、ドゥテルテ大統領との首脳会談の場で、今後5年間で1兆円規模の経済協力を行う意向を表明した。それだけでなく、今回のフィリピン訪問では、安倍首相はドゥテルテ大統領の地元であるミンダナオ島のダバオ市にも足を運ぶなど、フィリピンとの関係をこれまで以上に重視する姿勢を示した。近年のわが国の外交の基本方針をみると、台頭する中国と対峙《たいじ》すべく、

ASEANとの連携強化が明確に打ち出されており、フィリピンとの関係も、同様の文脈で重視されている。

太平洋戦争の甚大な被害

このように、日本とフィリピンの関係は、近年は非常に良好だが、歴史を振り返ると、両国の関係が常に順風満帆であった訳ではない。とりわけ、第二次世界大戦中、フィリピンは日本と米国の戦闘に巻き込まれる形で甚大な戦争被害を受けたことから、少なくとも戦後しばらくは、フィリピン国民の反日感情は非常に強かった。

フィリピンとの関係においては、後述する通り、戦後の和解が比較的スムーズに進んだ結果、中国や韓国とは異なり、日本との外交の場で歴史問題が蒸し返されることはほとんどない。戦後の和解の成功は、もちろんそれ自体喜ばしいことだが、逆説的には、日本人の記憶から、フィリピンに与えた戦争被害の記憶が消えやすくなっている面もあると言える。例えば、1931年の満州事変から1945年の終戦までの期間に、日本が近隣諸国に与えた戦争被害の大きさをみると、犠牲者が一番多かったのは中国だが、フィリピンにおける犠牲者も非常に多かった。その数は実に100万人以上に上ったと言われているが、こうした歴史的事実は、日本人の間で必ずしも共有されているとは言えない。また、戦後何十周年という節目の際にも、日本のメディアは、中国や韓国との歴史問題に関する報道に終始する傾向があり、結果として、フィリピンの戦争被害がクローズアップされることはほとんどない。こうした現実を踏まえ、まずは、フィリピンの戦争被害を振り返り、反日感情の高まりから和解の実現までのプロセスをみていこう。

日本は1942年、当時米国の植民地であったフィリピンの首都マニラを占領し、フィリピン全土に軍政を布告した。1943年には親日政権が樹立され、日本の占領下でフィリピン共和国の独立が一旦宣言された。もっとも、翌1944年に米軍がフィリピン中部のレイテ島に上陸してからは、フィリピン各地において、日米両軍の間で本格的な地上戦が繰り広げられた。その過程では、フィリピンの民間人も戦闘に巻き込まれた。とりわけ、マニラを巡る日米の攻防(通称、マニラ市街戦)は激戦となり、「東洋の真珠」と呼ばれるほどの美しい町であったマニラは廃墟《はいきょ》と化した。なお、マニラ市街戦では、日本軍による殺戮《さつりく》だけでなく、米軍による無差別砲撃も、フィリピンの民間被害の増大に繋がったと言われている。いずれにしても、約10万人のフィリピン市民が犠牲になった事実が、日米間の激闘を物語っている。

フィリピンにおける戦闘の悲惨さは、犠牲者の数をみれば一目瞭然である。厚生労働省の資料によれば、フィリピンでの日本人戦没者は50万人を超えており、日中戦争以降の日本人戦没者310万人の実に6分の1を占める。この事実は、多くの日本人にあまり共有されていないかもしれない。驚くべきはフィリピンの犠牲者数である。フィリピン政府は大戦後、自国の戦争被害を算定し、フィリピン全土の犠牲者数は約111万人に上ったとした。当時の総人口が2000万人程度であったことを考えると、実に多くの国民が犠牲になったことが分かる。

根強かった反日感情

これだけの被害が出たことから、戦後のフィリピンでは反日感情が非常に強かった。その一端は、1945年からマニラで行われた軍事裁判の結果からも読み取れる。軍事裁判では、フィリピンでの戦いの司令官であった山下奉文《ともゆき》をはじめ、終戦時に捕虜として捕えられた多くの軍人が裁かれ、記録によれば、79人に対して死刑判決が下されるなど、判決内容は極めて厳しいものであった。

軍事裁判の結果だけでなく、1951年のサンフランシスコ講和会議におけるフィリピン政府の日本への姿勢からも、同国の反日感情が強かったことが分かる。講和会議の場で、フィリピンの全権代表であったロムロ外相は、日本の戦争責任を主張すると同時に、被害の実情に即した補償を強く要求し、日本の経済復興を優先する講和会議の姿勢を批判した。当初、米国は対日無賠償の方針を据えていたが、最終的には、フィリピンの主張を部分的に受け入れる形で無賠償の方針を修正し、講和条約の中では、連合国が望む時は、賠償交渉を開始することができる旨が明記された。実際には、米国をはじめ連合国の大半は賠償を放棄し、フィリピンなど数か国だけが、二国間の賠償交渉を進めることになった。

一連のフィリピン政府の姿勢について、環太平洋の国際関係史を専門とする中野聡は、論文「フィリピンが見た戦後日本――和解と忘却」の中で、「北東アジア諸政府（中国・台湾・南北朝鮮）が不在のサンフランシスコ平和会議において、フィリピンが、日本の国際社会復帰に対する、もっとも厳しく疑い深い批判者の役割を果たしていた」と解説している（なお、本章で記述しているフィリピンの反日感情や日本とフィリピンの和解の歴史は、同論文による部分も多い）。まさに講和会議の場では、フィリピン政府によって「戦争の記憶」が強調されたと言える。もちろん、「戦争の記憶」が強調されることは、古今東西、外交の場で良くあることではある。ただし、講和会議が開催された1951年は、マニラ戦の記憶が未だ鮮明であった時期であり、フィリピン政府が語る戦争被害の事実が、よりリアリティを持つ形で訴えられた点に大きな特徴があったのではないだろうか。

和解の原点――キリノ大統領の決断

講和会議の場では、「戦争の記憶」が剝き出しの形で強調されたが、講和条約の枠組みのもとで日本に対する賠償交渉が可能となったこともあり、フィリピンの反日感情は、長い年月をかけて、徐々に和解の方向に進んでいった。こうした中、両国関係の大きな転機となったのが、1953年のキリノ大統領による日本人戦犯の恩赦であった。もちろん、恩赦の決定は、日本との賠償交渉を有利に進めようとするための外交上のカードとしての側面があったことは否定できない。ただし、そうは言っても、100人以上の戦犯に恩赦を与え、日本に帰国させた決断は、当時のフィリピンにおける反日感情を考えると間違いなく大きなものであり、その後の両国の和解に道筋を付けた。

1956年には、日本とフィリピンの間で賠償協定が締結され、同じ年には国交も回復するなど、両国の関係は正常化に向けて少しずつ歩み出した。賠償協定では、日本はフィリピンに対して総額5億5千万ドル（当時の円に換算すると、2000億円弱）の金銭的な賠償を払うことが合意され、これをもって両国間の賠償問題は決着した。もっとも、これはあくまで政府間レベルの話であり、フィリピン国民の間では、この段階でも反日感情が根強く残っていた。

慰霊の旅から謝罪へ

こうした国民レベルでの反日感情を和らげる契機となったのが、1958年から開始された遺骨収集団の派遣であった。前述した通り、フィリピンにおける日米間の戦争では、日本人の戦没者が50万人を超えたと言われ、日本国内には極めて多くの遺族が存在していた。そして、これら遺族の希望を叶《かな》える形で、フィリピンへの巡礼が開始された。遺骨収集の旅は、もちろん日本人戦没者の慰霊を目的としていたが、同時に、遺族側はフィリピンの反日感情にも配慮し、日本がもたらした被害への追悼という側面も、少なからず持ち合わせていた。その結果、日本人遺族による巡礼の旅を通じて、フィリピン国民の反日感情は少しずつ融和的となり、1962年の皇太子夫妻によるフィリピン訪問も成功裏に終わったことで、両国の和解が進んだ。

日本人遺族による慰霊および追悼という形で始まったフィリピンへの謝罪は、時間の経過とともに、外交の場でも表明されていくことになる。1983年には、中曽根首相がフィリピンを訪問した際、「過去の戦争でフィリピン国民に多大な迷惑をかけたことは極めて遺憾であり、深く反省している」といった趣旨の発言をし、日本の首相としての歴史認識を示した。1986年には、コラソン・アキノ大統領が来日した際、昭和天皇が戦争について謝罪し、それに対してアキノ大統領が忘れて下さいと言ったというやり取りが、フィリピン政府側から漏れ伝わった。

いずれにしても、こうして長い年月をかけて、日本側が謝罪する一方、フィリピン側が謝罪を寛容な心を持って受け入れ、両国が将来に向かって前進する歴史が築かれた。こうした両国関係は、国家レベルで実現しただけでなく、慰霊および追悼を通して、日本国民とフィリピン国民の間でも実現したことに大きな意味があった。その意味では、砂上の楼閣の和解ではなく、しっかりと根を張った和解であったと言える。

経済発展への貢献

一連の和解のプロセスと同時に、日本がフィリピンの経済発展に積極的に貢献する姿勢を示したことも、両国の関係改善に大きく寄与した。その端緒となったのが、1977年のマニラにおける福田首相のスピーチ（通称、福田ドクトリン）である。このスピーチでは、日本の東南アジア外交の基本方針として、以下の三原則が表明された。

「第一に、わが国は、平和に徹し軍事大国にはならないことを決意しており、そのような立場から、東南アジアひいては世界の平和と繁栄に貢献する。第二に、わが国は、東南アジアの国々との間に、政治、経済のみならず社会、文化等、広範な分野において、真の友人として心と心のふれ合う相互信頼関係を築きあげる。第三に、わが国は、「対等な協力者」の立場に立って、ＡＳＥＡＮ及びその加盟国の連帯と強靱性強化の自主的努力に対し、志を同じくする他の域外諸国とともに積極的に協力し、また、インドシナ諸国との間には相互理解に基づく関係の醸成をはかり、もって東南アジア全域にわたる平和と繁栄の構築に寄与する」

このマニラ・スピーチは、フィリピンを含むＡＳＥＡＮ諸国から強い支持を受け、その後の日本とフィリピンの関係強化にも繋がっていく。実際、日本は、米国主導の東アジアの国際秩序のもと、政府開発援助（ＯＤＡ）を柱に対フィリピン外交を積極的に展開し、同国の経済発展に貢献していった。また、わが国の企業も、１９８５年のプラザ合意以降、急速な円高が進行するもとで、サプライチェーンの最適化を求め、生産拠点を東南アジアに移す動きを強めたことは前述した通りである。フィリピンの場合、同じＡＳＥＡＮのタイやインドネシアに比べると、日本企業の進出が進んだ分野はエレクトロニクス関連などに限られた。そのため、現地の工業化への貢献度はタイやインドネシアのそれと比べると見劣りする。とは言っても、日本企業のフィリピンへの進出が、現地で多くの雇用を生むと同時に、産業の発展に大きく貢献したことは間違いない。

天皇陛下のフィリピン訪問の意義

日本で歴史問題が語られる場合、それは大抵、中国や韓国との関係においてであり、フィリピンとの関係が意識されることはほとんどない。その意味で、日本とフィリピンの戦後の和解は、非常にうまく機能したと評価できる。ただし、うまく機能したからこそ、我々日本人は過去の歴史に無知になってしまうリスクがある。とりわけ、日本人戦没者の遺族が高齢化し、慰霊および追悼目的のフィリピン訪問が少なくなる現実にあっては、日本がフィリピンに与えた戦争被害の記憶は風化しやすい。

こうした中、わが国が将来にわたってフィリピンとの関係をより強固なものとしていくためには、その大前提として、我々日本人が、現在の日本とフィリピンの友好関係の成り立ちをしっかりと理解する必要がある。その意味で、国交回復60周年のタイミングであった2016年に、天皇皇后両陛下がフィリピンを訪問したことは、同国における戦争の記憶を呼び起こす意味で、極めて意義深かったと考えられる。

天皇皇后両陛下は、2005年にはサイパン、2015年にはパラオと、第二次世界大戦中の激戦の地を訪れ、近年は慰霊の旅を続けている。2016年のフィリピン訪問は、これまで同様、日本人戦没者への慰霊という面ももちろんあったが、それと同時に、フィリピンの戦争被害に対する追悼という面もあったと言える。そうであるからこそ、天皇陛下は、マニラの大統領府で開催された晩餐会の場で、「貴国の国内において日米両国間の熾烈《しれつ》な戦闘が行われ、このことにより貴国の多くの人が命を失い、傷つきました」と言及し、この事実を日本人は決して忘れてはならないと強調したと考えられる。幸い、2016年の天皇皇后両陛下のフィリピン訪問は、連日テレビや新聞でも報道されたことから、我々日本人は、天皇陛下の言葉を改めて深く胸に刻むことができたのではないだろうか。

3　日本とフィリピンの経済関係

増加する直接投資

日本とフィリピンは、直接投資、貿易、政府開発援助（ODA）の三つの柱を通じて、経済的な結び付きを強めている。日本からフィリピンへの直接投資の動向をみると、水準はタイやインドネシア等の後塵を拝しているものの、近年は大型の投資も目立っており、2000年代と比べると、直接投資の金額は大きく増加している（フィリピン国家統計局の発表によれば、2015年の日本からの直接投資額は547億ペソ〔日本円にすると1400億円程度〕と、世界第2位）。進出企業数も、2010年には1000社を超え、2015年時点では1400社を上回るなど、増加傾向が続いている。第3章で紹介した通り、国際協力銀行の「わが国製造業企業の海外事業展開に関する調査報告」をみると、進出先としての有望度ランキングに関して、フィリピンは、14位（2011年）→11位（2013年）→8位（2015年）

と着実にランクアップしており、企業が注ぐ視線が変わってきている。

わが国企業の進出状況をみると、北部のルソン島への進出が大半を占めており、製造業の多くは、マニラ首都圏南方の経済特区内の工業団地に集まっている。経済特区では、売上高の一定比率が輸出向けであれば、税制面の優遇措置などを受けられる仕組みとなっており、フィリピンはエレクトロニクスの生産拠点としての地位を確立している。実際、日本からフィリピンへの直接投資を分野別にみると、エレクトロニクス関連が中心になっており、経済特区に進出するわが国企業は、「部品を輸入し、それを加工した上で輸出する」ビジネスモデルを採用しているケースが多い。

製造業の進出状況をみても、エレクトロニクス関連企業が中心を占めている。例えば、2011年には、セイコーエプソンがプロジェクターやプリンターの生産体制を増強するため、新工場を建設した。その後も、キヤノンやブラザー工業が、プリンター等の生産工場を建設した。プリンター以外の分野では、例えば村田製作所が、電子部品の生産のための新工場を2012年に設立した。近年は、エレクトロニクス分野以外の企業の進出も徐々に増えており、2011年以降の事例をみると、横浜ゴム、富士フイルム、バンダイなど数多くの企業が、生産拠点の拡充や建設に乗り出している。これに加えて、最近は、輸出目的ではなく、フィリピン国内の内需を狙った投資も増えつつある。スズキの二輪車工場の建設は、そういった動きの代表例である。自動車業界についても、三菱自動車など一部先が生産拡大を進めており、フィリピン政府の産業支援策と相俟って、今後も、国内需要を意識する形で増産の動きが広がる可能性がある。

サービス業の進出——ユニクロ、コンビニ、百貨店

フィリピン国内の内需を取り込む動きは、もちろん製造業に限った話ではなく、近年は、むしろサービス業の分野で進出事例が目立っている。例えば、ユニクロは、現地の小売大手のSMリテールと合弁会社を設立し、2012年にユニクロ1号店をオープンさせた。その後、店舗数は順調に拡大しており、2016年10月末時点では、マニラを中心に計33店舗が展開されている。

小売りの分野では、コンビニエンスストアの進出も目立っている。例えば、ファミリーマートは2012年、大手財閥のアヤラグループと小売大手のルスタングループの合弁会社および伊藤忠商事との間で合弁契約を締結し、2013年には1号店をオープンさせた。ユニクロ同様、店舗数は拡大しており、2016年10月末時点では、計101店舗が展開されている（ちなみに、フィリピン進出で先行しているセブンイレブンは実に1800以上の店舗、ミニストップも500以上の店舗を有している）。

フィリピン経済の柱に成長したＢＰＯ産業の存在が、コンビニエンスストアの進出を加速させている面もある。すなわち、コールセンターは24時間体制を敷いていることが多いため、ＢＰＯ関連企業の入居ビルにコンビニエンスストアが出店しているケースも多い。なお、フィリピンの小売業では、最低資本金など外国資本に対する規制が厳しいほか、地場の財閥の存在感が非常に大きい。このため、わが国の企業は、地場の企業との間でフランチャイズ契約を結んだ上で進出しているケースが多い。

わが国の小売業のフィリピン進出は、ユニクロやコンビニエンスストアにとどまらず、百貨店業界にも広がり始めている。２０１６年には、三越伊勢丹と野村不動産が、商業施設と住宅の一体開発を手掛ける計画が報じられた。この計画が実現すれば、三越伊勢丹は、日本の百貨店として初めてフィリピンに進出することになる。フィリピンは、恵まれた人口動態、長期的な成長期待、中間所得層の拡大等、小売業が海外に進出する際に重視するポイントの多くを満たしており、長い目では、わが国の企業の進出が続く可能性が高いと考えるのが自然だろう。

日本は最大の貿易相手国

日本とフィリピンは、貿易面の結び付きも強い。実際、フィリピンの貿易相手国（２０１

5年）をみると、輸出額（約600億ドル）のシェアでは、日本が第1位（21・1％）となっており、米国（15・0％）、中国（10・9％）と続いている。輸入額（約700億ドル）のシェアでも、中国（16・2％）、米国（10・8％）に次いで、日本は第3位（9・6％）であり、輸出額と輸入額の合計ベースでは、フィリピンにとって日本は最大の貿易相手国となっている。

経済特区に進出しているエレクトロニクス関連企業が、部品の組み立て・加工を行うというビジネスモデルを採用していることは、フィリピンの貿易構造にもはっきりと反映されている。すなわち、この国の貿易は、電子機器の半完成品を輸入し、それを半導体等に加工して輸出する、いわゆる中間貿易が中心となっている。この結果、フィリピンでは、輸入総額の約3割、輸出総額の約5割をエレクトロニクス関連が占めている。こうしたフィリピン特有の貿易構造は、日本との貿易でも顕著となっている。実際、わが国の貿易統計で貿易品目をみると、日本からの輸入総額の約3割、日本向けの輸出総額の約3割を電気機器が占めている。このほか、フィリピン産のバナナやパイナップルなどの農林水産品も、日本向けの輸出総額の約1割を占めており、この面でも、フィリピンにとって日本は重要な輸出先となっている。

最大の援助国

政府開発援助（ODA）の実施状況をみると、フィリピンにとって、日本は最大の援助供与国となっている。2014年度分までのフィリピンに対する援助実績を累計すると、有償資金協力が約2・4兆円、無償資金協力が約0・3兆円、技術協力が0・2兆円に上っている。2010年以降でみると、毎年の振れはあるものの、年間の有償資金協力はおおむね500億円前後、無償資金協力はおおむね50億円前後で推移している。なお、フィリピンに対する主要国の援助実績（2014年）をOECD（経済協力開発機構）の統計で確認すると、日本が34％と第1位のシェアを誇っており、米国が20％、フランスが10％と続いている。ちなみに、日本側からみると、フィリピンは有数の援助受入国となっている。実際、わが国の二国間ODAの累計金額（1960～2014年のコミットメントベース）では、フィリピンは、インドネシア、中国、インドに次いで第4位となっている。

こうした積極的な援助の意義について、外務省の政府開発援助の国別データブックは、以下のように整理している。

「フィリピンは、海上交通路の要衝に位置し、地政学上及び地域安全保障上重要な国である。また、東南アジア諸国の中で我が国から最も近い国であるフィリピンの持続的発展は、我が国を始めとする東アジア地域の安定と発展に資することから、日・フィリピン経済連携協定とともに、ODAを効果的に用いることで、経済関係、人的交流等様々な分野で日比関係を強化していく必要がある」

こうした中、近年のわが国のフィリピン向けODAは、同国の政府が目指す「国民に広く行き渡る経済成長」の実現を支えることを基本方針としている。具体的には、①投資促進を通じた持続的経済成長の実現、②自然災害に対する脆弱性の克服、③ミンダナオ地域における開発、を重点分野として位置付けている。

持続的経済成長の実現に関しては、例えば、マニラ首都圏で深刻化する交通渋滞に対応するために、公共交通の活用を促進するなど、わが国の経験や技術を活かす形で総合的な支援が展開されている。また、今後必要になるインフラとして、地下鉄などの建設も提唱されている。自然災害に対する脆弱性の克服に関しては、洪水や地震・津波といった災害のリスクを軽減・管理するために、マニラ首都圏の河川改修等の支援や、フィリピンの防災政策・制度の強化の支援が行われている。最後に、ミンダナオ地域における開発に関しては、人材育成支援や、道路整備や社会インフラ整備を通して、地域に直接役立つ支援が展開されている。

経済連携協定やビザ規制の緩和

2006年に調印された日比経済連携協定も、両国の経済的結び付きを強めている（フィリピンにとっては初の二国間の経済連携協定)。協定では、日本からフィリピンへの輸出に関して、ほぼすべての鉱工業品の関税を10年以内に撤廃することが合意された。同時に、フィリピンの日本市場へのアクセスも大幅に改善され、ほぼすべての鉱工業品の関税撤廃だけでなく、バナナなどの一部の農林水産品の将来的な関税の撤廃も合意された。この結果、貿易額ベースでは、両国間の貿易の大半において、いずれは関税が撤廃されることになり、自由化が大きく進展した。

また、協定では、日本の労働市場を一部開放することも合意された。具体的には、看護師や介護福祉士の分野で、日本語や看護・介護に関する研修を経たのち、日本の国家資格の受験を前提に就労が可能となった。市場開放後の実績をみると、2009年以降の累計ベース(2016年9月初時点)では、看護師の候補者が472人、介護福祉士の候補者が1124人受け入れられている。もっとも、日本語の国家試験のハードルが非常に高いといった理由などから、日本で働き続けることを断念せざるを得ないケースも多く、毎年の受け入れ人数は思ったほど増加していない。わが国の高齢化に伴い、将来的には看護・介護人材の需要が膨らむことを想定すると、日本語の国家試験のあり方等を含め、一段の規制緩和を通じて、フィリピン人が働きやすい環境を整備することが望まれる。

2013〜14年にかけて実施されたビザ規制の緩和措置も、フィリピン人観光客の増加という形で、日本とフィリピンの結び付きを強めている。一連のビザ規制の緩和措置は、フィリピンだけではなく、ASEAN諸国を対象に実施されたものであるが、フィリピンのケースでは、まず2013年に、15日を超えない短期滞在を念頭に、数次ビザ（有効期間内に何回でも使えるビザ）の発給が開始された。その後、2014年には、滞在期間を30日とし、有効期間を最長5年とするなど、数次ビザの発給要件が大幅に緩和されたほか、指定旅行会社のパッケージツアー参加者用に、一次観光ビザの申請手続きが簡素化された。

こうしたビザ規制の緩和措置に加えて、フィリピンにおける中間所得層の増加、2012年以降の為替円安の進行も相俟って、フィリピン人旅行者の数は大幅に増えている。政府観光局の統計によると、2015年のフィリピンからの訪日客数は26・8万人と、前年比45%の大幅増加となった。2010年の訪日客数は7・7万人であったので、5年間で実に4倍弱になっている（26・8万人という訪日客数は、アジアの中では、中国、韓国、台湾、香港、タイ、シンガポール、マレーシアに次いで8番目）。

片務的な関係から互恵的な関係へ

このように、日本とフィリピンの経済的な結び付きが強まる中にあって、当のフィリピン人は、日本との関係をどう考えているのだろうか。2014年に外務省が実施したASEA

N7か国における対日世論調査の結果をみると、フィリピンでは、日本に対して好印象を持っている国民が圧倒的に多い。例えば、「自分の国と日本との関係性」については、「非常に友好的」と答えたフィリピン人の割合は68％に達し、ASEAN7か国の中で最も高かった。同じ質問で「やや友好的」と回答した人を含めると、実に98％のフィリピン人が日本との関係性をポジティブに評価する結果となった。

こうした結果は、日本がフィリピンとの間で戦後積み重ねてきた数多くの営みが実を結んだ証左と言っても過言ではないだろう。すなわち、本章でも述べた通り、戦後の慰霊と追悼の旅、日本企業の進出やODAを通じた経済発展への貢献などが、フィリピン人の心に刻まれてきたと言える。もっとも、戦後70年間の両国の絆は、必ずしも対等な関係の中で築かれたものではなかった。戦後の和解に関して言えば、それは、加害者の日本と被害者のフィリピンという関係の中で、片方は謝罪し、もう一方は謝罪を寛容の心で受け入れるものであった。また、日本企業の進出やODAは、ある意味では、先進国と発展途上国という関係の中で成り立ち、フィリピンは経済的な恩恵を受ける側という面が強かった。その意味では、両国の関係は片務的なものであったとも言える。

日本とフィリピンの今後の関係を考えた場合、もちろん、「戦争の記憶」を風化させないことは大事である。ただし、それと同時に、フィリピンの地政学上の重要性、日本との距離的な近接性、経済成長を続けるポテンシャルなどを総合すると、両国の関係を一段高いレベルに昇華させることも重要となろう。そのためには、両国の関係をより互恵的なものにしていく努力が不可欠だが、幸い近年は、そうした兆しを感じさせる変化の芽が出てきている。

例えば、わが国の高齢化が進展する中、非常に恵まれた人口動態を有しているフィリピンから看護師や介護福祉士を数多く受け入れることは、日本社会における深刻な人材不足を埋め合わせることに繋がる。また、日本社会において夫婦共働きが当たり前となる中で、家事代行としてフィリピン人が活躍する余地も増えると思われる。既に、家事代行サービスを手掛ける複数の事業者は、国家戦略特区を活用する形で、フィリピン人を受け入れてサービスを開始している。このほか、外国人観光客として存在感を増すフィリピン人は、インバウンド需要（訪日する外国人観光客による需要）の増加という形で、日本経済にプラスの効果をもたらしている。

ごく最近の新しい動きとしては、語学指導等を行う外国青年招致事業（通称、JETプログラム）に基づき、2016年度より、フィリピン人が日本の小中学校に本格的に派遣された。既に、フィリピンへの短期留学やスカイプを通じたオンラインでのフィリピン人との英会話レッスンなどを活用する動きは先行して進んでいたが、将来的には、教育現場でフィリピン人を目にする機会が増えることが予想される。こうした様々な新しい懸け橋を通して、日本とフィリピンが互恵的な関係で絆を深めることが、両国の関係を一段と深化させることを希望して、本書を締め括りたいと思う。

あとがき

ドゥテルテ政権の誕生以降、フィリピンの話題が事欠かない。テレビや新聞の報道では、「犯罪者は必要であれば殺す」、「米国とは決別する」といった大統領の数々の暴言や、麻薬撲滅戦争によって増え続ける殺害者の数などが見出しを飾っている。また、麻薬犯罪の容疑者がすし詰めの状態となっている刑務所の様子など、衝撃的な写真や映像も報じられている。

しかし、こうした見出しにだけ目を奪われると、フィリピンが21世紀の高度成長国として覚醒しつつある事実を見過ごしてしまう。何より、日本人のフィリピンに対するイメージが悪い方向に形作られてしまうかもしれない。だからこそ、「アジアの希望の星」とまで呼ばれるようになったフィリピンの真の姿を知って欲しい、フィリピンが大きな潜在力を持っていることを知って欲しい、こうした思いから本書の構想は始まった。

もちろん、本書の中で指摘している通り、フィリピンの高度成長の持続性に課題があることも事実だ。ドゥテルテ政権がフィリピンの舵取りをうまくできるのかという点も、不確実性が相応にあり、強権的な政治は多くのリスクをはらんでいる。フィリピンが再び政情不安に陥らないとも限らない。しかし、そうであっても、我々日本人は、「アジアの病人」と呼ばれていたフィリピンに対する負のイメージを捨て、新しい視点でフィリピンを見直さなければならない。わが国の企業が東南アジアへの進出を考える場合、最初に思い浮かぶ国は、依然としてタイ、インドネシア、ベトナムではないかと思うが、フィリピンが有する潜在力を見過ごすと、大きなビジネスチャンスを逃すことになりかねない。こうした思いが、本書には込められている。

本書では、フィリピンの真の姿を伝えるために、多岐にわたるテーマを取り上げることも強く意識した。具体的には、経済面の話題に軸足を置きつつも、政治、歴史、対外関係といったテーマを有機的に結び付けることで、フィリピンを理解するための物語を作ることを目指した。こうしたアプローチを採用している背景には、もちろん、現代のフィリピンを知るためには多面的な理解が欠かせないことがあるが、それだけでなく、現在の地域研究のあり方に対する筆者なりの問題提起がある。すなわち、わが国の地域研究では、経済、政治、歴史と分野が専門分化する色彩が強まっており、結果として、特定の国や地域を大局的な観点で語った書籍が少なくなっている。

しかし、現実には、例えばわが国の企業がフィリピンへの進出を検討する場合は、最近の経済の話だけでなく、国内の政治リスクや近隣諸国との関係など、多面的な評価が欠かせない。また、わが国の対フィリピン外交を考える場合も、政治・経済情勢だけでなく、二国間の歴史や東アジアの地政学などの理解が不可欠となる。何よりも、経済、政治、歴史は相互に連関している。例えば、フィリピンの貧富の差は、経済政策の問題であるだけでなく、この国の民主主義のあり方や、植民地時代の歴史とも深く関係する。

もちろん、一冊の本の中で扱うテーマを広げ、これらを有機的に結び付ける作業は簡単ではない（当然のことながら、本書の内容は著者個人の見解であり、あり得べき誤りは筆者の責に帰する）。しかし、そうであっても、国を理解するという地域研究の本来の目的に照らせば、細分化した領域の研究だけではなく、個々の領域を統合し、ひとつの物語を作る努力を続ける必要があるのではないか。筆者が学問の世界に身を置いていないからこそ言えることもかもしれないが、本書には、こうした筆者なりの思いが込められている。無論、本書がフィリピンの真の姿をしっかりと伝えているかどうかの判断は、読者の方々に委ねたい。

本書の刊行に当たっては、実に多くの方々のサポートを得た。とりわけ、中公新書編集部の田中正敏氏には、企画を後押しして頂くとともに、執筆の過程で沢山の貴重なコメントを頂戴するなど、刊行に至るまでの様々な段階で大変お世話になった。ここに厚く御礼を申し上げたい。

筆者がフィリピンに関心を持ち、自分なりにフィリピンへの理解を深めるまでには、数多くの方々との出会いもあった。とりわけ、フィリピンの政府関係者や財閥関係者との長年の意見交換は、本書の土台となっている。また、IMF（国際通貨基金）在籍時の上司の Vivek Arora 氏からは、フィリピン経済の見方に関する指南を受けた。学生時代を振り返ると、フィリピン政治を専門とする国際政治学者の藤原帰一先生の講義、文化人類学者の青木保先生との出会い、タフツ大学フレッチャースクールで長らく教鞭《きょうべん》を執られていた海洋史の専門家の John Perry 先生の講義からは、実に多くの教えを得た。このほか、20年近く前になるが、日立製作所が主催している国際交流プログラム（「日立ヤングリーダーズ・イニシアティブ」）に参加する機会がなければ、筆者がアジアへの関心を持ち続けることもなかっただろう。

最後に、原稿の最初の読者として的確な助言をしてくれた妻、幼い息子と娘にも感謝したい。家族との時間であったはずの週末に書斎にこもることを許してもらえなければ、本書が刊行に至ることはなかっただろう。多くの方々に感謝の意を示すとともに、本書をアジア経済研究所と長らく縁を持った亡き祖父（小倉武一）に捧げたいと思う。

2017年1月

井出穣治

Parliament," Address in Canberra, Australia, November 17, 2011.
Philippine Statistics Authority, *2010 Census of Population and Housing Reports*, 2012.
Philippine Statistics Authority, *2015 Census of Population*, 2016.
Summers, Lawrence H., "U.S. Economic Prospects: Secular Stagnation, Hysteresis, and the Zero Lower Bound," *Business Economics*, Vol.49, No.2, 2014.
Ward, Eric E., *Land Reform in Japan 1946-1950: The Allied Role*, Nobunkyo, 1990.（小倉武一訳『農地改革とは何であったのか？——連合国の対日政策と立法過程』農政研究センター、1997年）
Ward, Karen, "The World in 2050: From the Top 30 to the Top 100," HSBC Global Economics, January 2012.
World Bank, *Doing Business 2016: Measuring Regulatory Quality and Efficiency*, 2015.
World Bank, "Philippine Economic Update: Making Growth Work for the Poor," Report No. 93530-PH, January 2015.
World Bank, *The East Asian Miracle: Economic Growth and Public Policy*, World Bank Policy Research Report, 1993.（世界銀行［白鳥正喜監訳］『東アジアの奇跡——経済成長と政府の役割』東洋経済新報社、1994年）
World Economic Forum, *The Global Competitiveness Report 2015-2016*, 2015.

Constantino, Renato, *Identity and Consciousness, The Philippine Experience*, Malaya Books, 1974.（鶴見良行監訳「民族的自覚の問題」『フィリピン・ナショナリズム論（下）』勁草書房、1977年）

Department of Agrarian Reform, "Accomplishment in Land Acquisition and Distribution by Land Type, by Region, by Administration," 2004.

Dower, John W., *Embracing Defeat: Japan in the Wake of World War II*, W. W. Norton & Company, 2000.（三浦洋一、高杉忠明、田代泰子訳『敗北を抱きしめて――第二次大戦後の日本人』上・下、岩波書店、2001年）

Duterte, Rodrigo Roa, "Inaugural Address of President Rodrigo Roa Duterte," Address in Manila, June 30, 2016.

Hawksworth, John and Danny Chan, "The World in 2050: Will the Shift in Global Economic Power Continue?" PricewaterhouseCoopers, February 2015.

Hodgson, An, "Top 5 Emerging Markets with the Best Middle Class Potential," Euromonitor International, September 2015.

Huntington, Samuel P., *The Third Wave: Democratization in the Late Twentieth Century*, The University of Oklahoma Press, 1991.

Huntington, Samuel P., *Who Are We?: The Challenges to America's National Identity,* Simon & Schuster, 2004.（鈴木主税訳『分断されるアメリカ』集英社、2004年）

International Institute for Strategic Studies, *The Military Balance 2016*, 2016.

International Monetary Fund, "Philippines: Staff Report for the 2014 Article IV Consultation," August 2014.

International Monetary Fund, "Philippines: Staff Report for the 2015 Article IV Consultation," September 2015.

International Monetary Fund, *World Economic Outlook: Too Slow for Too Long*, April 2016.

Komatsuzaki, Takuji, "Improving Public Infrastructure in the Philippines," IMF Working Paper WP/16/39, February 2016.

Krugman, Paul, "The Myth of Asia's Miracle," *Foreign Affairs*, Vol. 73, November/December, pp.62–78, 1994.

National Economic and Development Authority, *Philippine Development Plan 2011-2016*, 2011.

Obama, Barack, "Remarks by President Obama to the Australian

みずほ総合研究所『図解ASEANを読み解く――ASEANを理解するのに役立つ60のテーマ』東洋経済新報社、2015年
渡辺利夫編『アジア経済読本［第4版］』東洋経済新報社、2009年

〈英語文献〉
Acemoglu, Daron and James A. Robinson, *Why Nations Fail: The Origins of Power, Prosperity, and Poverty*, Crown Business, 2012.（鬼澤忍訳『国家はなぜ衰退するのか――権力・繁栄・貧困の起源』上・下、早川書房、2013年）
Anderson, Benedict, *Imagined Communities: Reflections on the Origin and Spread of Nationalism*, Verso, Revised Edition, 1991.（白石さや・白石隆訳『増補　想像の共同体――ナショナリズムの起源と流行』NTT出版、1997年）
Asian Development Bank and Asian Development Bank Institute, *Infrastructure for a Seamless Asia*, 2009.
Asian Development Bank, *Asian Development Outlook 2012: Confronting Rising Inequality in Asia*, April 2012.
Asian Development Bank, *Asia 2050: Realizing the Asian Century*, 2011.
Asian Development Bank, *Philippines: Critical Development Constraints*, 2007.
Bangko Sentral ng Pilipinas, "Consumer Expectations Survey: Second Quarter 2016," June 2016.
Bangko Sentral ng Pilipinas, "Results of the 2013 Survey of Information Technology-Business Process Outsourcing（IT-BPO）Services," June 2015.
Bureau of International Information Programs, "Principles of Democracy," U.S. Department of State, 2005.
Calder, Kent E., *Embattled Garrisons: Comparative Base Politics and American Globalism*, Princeton University Press, 2007.（武井楊一訳『米軍再編の政治学――駐留米軍と海外基地のゆくえ』日本経済新聞出版社、2008年）
Clinton, Hillary Rodham, "America's Engagement in the Asia-Pacific," Address in Honolulu, Hawaii, October 28, 2010.
Clinton, Hillary Rodham, "Remarks on Reginal Architecture in Asia: Principles and Priorities," Address in Honolulu, Hawaii, January 12, 2010.

——2015年度海外直接投資アンケート結果（第27回）」2015年12月
佐藤百合『経済大国インドネシア——21世紀の成長条件』中公新書、2011年
白石隆『海の帝国——アジアをどう考えるか』中公新書、2000年
白石隆「東南アジアの現状と展望」『學士會会報』第914号、2015年9月
末廣昭『キャッチアップ型工業化論——アジア経済の軌跡と展望』名古屋大学出版会、2000年
鈴木静夫『物語フィリピンの歴史——「盗まれた楽園」と抵抗の500年』中公新書、1997年
鈴木有理佳「フィリピン：人口ボーナスはしばらく続く」『アジ研ワールド・トレンド』No. 238、2015年8月
内閣府「アジアの長期経済見通し」『世界経済の潮流 2010年I〈2010年上半期世界経済報告〉——アジアがけん引する景気回復とギリシャ財政危機のコンテイジョン』2010年
中尾武彦「途上国の経済発展に8条件——民と連携インフラ整備を」日本経済新聞朝刊経済教室、2015年1月16日
中曽宏「アジア経済の過去・現在・未来」日本証券アナリスト協会主催国際セミナーにおける講演、2015年4月24日
中野聡「フィリピンが見た戦後日本——和解と忘却」岩波書店『思想——戦後60年』2005年12月
日本経済新聞「両陛下、フィリピンへ親善と慰霊の旅——国交正常化60年」日本経済新聞朝刊37面、2016年1月26日
日本貿易振興機構　機械・環境産業部　機械・環境産業企画課「フィリピンの電子産業　市場調査報告書（マニラ発）」2012年3月
日本貿易振興機構　マニラ事務所　ビジネス展開支援課「フィリピンにおける物流インフラ」2015年3月
野沢勝美「アキノ政権の農地改革」『アジアトレンド』第48号、アジア経済研究所、1989年
原洋之介『アジアダイナミズム——資本主義のネットワークと発展の地域性』NTT出版、1996年
藤原帰一、永野善子編著『アメリカの影のもとで——日本とフィリピン』法政大学出版局、2011年
防衛省「南シナ海における中国の活動」2015年12月
防衛省・自衛隊『平成28年度版防衛白書』2016年

参考文献

〈日本語文献〉

池端雪浦編『東南アジア史II島嶼部』山川出版社、1999年

池端雪浦、リディア・N. ユー・ホセ編『近現代日本・フィリピン関係史』岩波書店、2004年

猪木武徳『戦後世界経済史——自由と平等の視点から』中公新書、2009年

岩井克人『経済学の宇宙』日本経済新聞出版社、2015年

岩崎育夫『アジア政治とは何か——開発・民主化・民主主義再考』中央公論新社、2009年

大泉啓一郎『老いてゆくアジア——繁栄の構図が変わるとき』中公新書、2007年

太田和宏「未完の社会改革——民主化と自由化の対抗」川中豪編『ポスト・エドサ期のフィリピン』アジア経済研究所、2005年

小倉武一編著『日本農業の構造改革への道』農政研究センター、1983年

片山裕・大西裕編『アジアの政治経済・入門［新版］』有斐閣、2010年

川中豪「ポスト・エドサ期のフィリピン——民主主義の定着と自由主義的経済改革」川中豪編『ポスト・エドサ期のフィリピン』アジア経済研究所、2005年

外務省『政府開発援助（ODA）国別データブック2015』2016年

外務省「平成25年度ASEANにおける対日世論調査結果」2014年4月

日下渉『反市民の政治学——フィリピンの民主主義と道徳』法政大学出版局、2013年

宮内庁「フィリピン大統領閣下主催晩餐会における天皇陛下のご答辞」フィリピンご訪問時のおことば、2016年1月27日

黒田東彦「アジアの経済成長をいかに持続させるか」Amartya Sen Lectureにおける講演の邦訳、2015年7月21日

経済産業省『通商白書2005』2005年

国際協力銀行　産業ファイナンス部門　中堅・中小企業担当「フィリピンの投資環境」2013年6月

国際協力銀行「わが国製造業企業の海外事業展開に関する調査報告

井出穣治（いで・じょうじ）

1978年，東京都生まれ．2001年，東京大学法学部卒業，日本銀行入行．06年，タフツ大学フレッチャースクール（法律外交大学院）修了．IMF（国際通貨基金）のアジア太平洋局フィリピン担当エコノミストを経て，現在，日本銀行職員．
著書『IMFと世界銀行の最前線』（共著，日本評論社，2014）

フィリピン
——急成長《きゅうせいちょう》する若《わか》き「大国《たいこく》」

中公新書 *2420*

2017年2月25日発行

著 者 井出穣治
発行者 大橋善光

本文印刷 暁印刷
カバー印刷 大熊整美堂
製 本 小泉製本

発行所 中央公論新社
〒100-8152
東京都千代田区大手町1-7-1
電話 販売 03-5299-1730
編集 03-5299-1830
URL http://www.chuko.co.jp/

Published by CHUOKORON-SHINSHA, INC.
Printed in Japan ISBN978-4-12-102420-6 C1233

中公新書刊行のことば

いまからちょうど五世紀まえ、グーテンベルクが近代印刷術を発明したとき、書物の大量生産は潜在的可能性を獲得し、いまからちょうど一世紀まえ、世界のおもな文明国で義務教育制度が採用されたとき、書物の大量需要の潜在性が形成された。この二つの潜在性がはげしく現実化したのが現代である。

いまや、書物によって視野を拡大し、変りゆく世界に豊かに対応しようとする強い要求を私たちは抑えることができない。この要求にこたえる義務を、今日の書物は背負っている。だが、その義務は、たんに専門的知識の通俗化をはかることによって果たされるものでもなく、通俗的好奇心にうったえて、いたずらに発行部数の巨大さを誇ることによって果たされるものでもない。現代を真摯に生きようとする読者に、真に知るに価いする知識だけを選びだして提供すること、これが中公新書の最大の目標である。

私たちは、知識として錯覚しているものによってしばしば動かされ、裏切られる。私たちは、作為によってあたえられた知識のうえに生きることがあまりに多く、ゆるぎない事実を通して思索することがあまりにすくない。中公新書が、その一貫した特色として自らに課すものは、この事実のみの持つ無条件の説得力を発揮させることである。現代にあらたな意味を投げかけるべく待機している過去の歴史的事実もまた、中公新書によって数多く発掘されるであろう。

中公新書は、現代を自らの眼で見つめようとする、逞しい知的な読者の活力となることを欲している。

一九六二年一一月

中公新書

世界史

- 1353 物語 中国の歴史 寺田隆信
- 2392 中国の論理 岡本隆司
- 2303 殷―中国史最古の王朝 落合淳思
- 2396 周―理想化された古代王朝 佐藤信弥
- 2001 孟嘗君と戦国時代 宮城谷昌光
- 12 史記 貝塚茂樹
- 2099 三国志 渡邉義浩
- 7 宦《かん》官《がん》(改版) 三田村泰助
- 15 科《か》挙《きょ》 宮崎市定
- 1812 西《せい》太《たい》后《こう》 加藤徹
- 166 中国列女伝 村松暎
- 2030 上海 榎本泰子
- 1144 台湾 伊藤潔
- 925 物語 韓国史 金両基
- 1367 物語 フィリピンの歴史 鈴木静夫
- 1372 物語 ヴェトナムの歴史 小倉貞男
- 2208 物語 シンガポールの歴史 岩崎育夫
- 1913 物語 タイの歴史 柿崎一郎
- 2249 物語 ビルマの歴史 根本敬
- 1551 海の帝国 白石隆
- 1866 シーア派 桜井啓子
- 1858 中東イスラーム民族史 宮田律
- 1660 物語 イランの歴史 宮田律
- 2323 文明の誕生 小林登志子
- 1818 シュメル―人類最古の文明 小林登志子
- 1977 シュメル神話の世界 岡田明子 小林登志子
- 1594 物語 中東の歴史 牟田口義郎
- 1931 物語 イスラエルの歴史 高橋正男
- 2067 物語 エルサレムの歴史 笈川博一
- 2205 聖書考古学 長谷川修一
- 2235 ツタンカーメン 大城道則

中公新書

現代史

2055 国際連盟 篠原初枝
27 ワイマル共和国 林 健太郎
478 アドルフ・ヒトラー 村瀬興雄
2272 ヒトラー演説 高田博行
1943 ホロコースト 芝 健介
2349 ヒトラーに抵抗した人々 對馬達雄
2329 ナチスの戦争 1918-1949 R・ベッセル 大山晶訳
2313 ニュルンベルク裁判 A・ヴァインケ 板橋拓己訳
2266 アデナウアー 板橋拓己
2274 スターリン 横手慎二
530 チャーチル（増補版） 河合秀和
1415 フランス現代史 渡邊啓貴
2356 イタリア現代史 伊藤 武
2221 バチカン近現代史 松本佐保
1959 韓国現代史 木村 幹
2262 先進国・韓国の憂鬱 大西 裕
2216 北朝鮮―変貌を続ける独裁国家 平岩俊司
2324 李光洙《イグァンス》―韓国近代文学の祖と「親日」の烙印 波田野節子
1763 アジア冷戦史 下斗米伸夫
1876 インドネシア 水本達也
2143 経済大国インドネシア 佐藤百合
1596 ベトナム戦争 松岡 完
1664 1665 アメリカの20世紀（上下） 有賀夏紀
1920 ケネディ―「神話」と実像 土田 宏
2244 ニクソンとキッシンジャー 大嶽秀夫
2140 レーガン 村田晃嗣
2383 ビル・クリントン 西川 賢
1863 性と暴力のアメリカ 鈴木 透
2381 ユダヤとアメリカ 立山良司
941 イスラエルとパレスチナ 立山良司
2112 パレスチナ―聖地の紛争 船津 靖
2236 エジプト革命 鈴木恵美
2415 トルコ現代史 今井宏平
2330 チェ・ゲバラ 伊高浩昭
2163 人種とスポーツ 川島浩平

中公新書

経済・経営

g1

- 2000 戦後世界経済史 猪木武徳
- 2185 経済学に何ができるか 猪木武徳
- 1936 アダム・スミス 堂目卓生
- 1465 市場社会の思想史 間宮陽介
- 2123 新自由主義の復権 八代尚宏
- 2374 シルバー民主主義 八代尚宏
- 2228 日本の財政 田中秀明
- 2307 ベーシック・インカム 原田　泰
- 1896 日本の経済―歴史・現状・論点 伊藤　修
- 2388 人口と日本経済 吉川　洋
- 2338 財務省と政治 清水真人
- 2287 日本銀行と政治 上川龍之進
- 2041 行動経済学 依田高典
- 1658 戦略的思考の技術 梶井厚志
- 1871 故事成語でわかる経済学のキーワード 梶井厚志
- 1824 経済学的思考のセンス 大竹文雄
- 2045 競争と公平感 大竹文雄
- 2124 日本経済の底力 戸堂康之
- 1657 地域再生の経済学 神野直彦
- 2240 経済覇権のゆくえ 飯田敬輔
- 2064 通貨で読み解く世界経済 小林正宏 中林伸一
- 2219 人民元は覇権を握るか 中條誠一
- 2145 G20の経済学 中林伸一
- 2132 金融が乗っ取る世界経済 ロナルド・ドーア
- 2111 消費するアジア 大泉啓一郎
- 2199 経済大陸アフリカ 平野克己
- 290 ルワンダ中央銀行総裁日記（増補版） 服部正也
- 2420 フィリピン―急成長する若き「大国」 井出穣治

中公新書

政治・法律

h 2

- 108 国際政治　高坂正堯
- 1686 国際政治とは何か　中西　寛
- 2190 国際秩序　細谷雄一
- 2114 世界の運命　ポール・ケネディ　山口瑞彦訳
- 1899 国連の政治力学　北岡伸一
- 2410 ポピュリズムとは何か　水島治郎
- 2207 平和主義とは何か　松元雅和
- 2195 入門　人間の安全保障　長　有紀枝
- 2394 難民問題　墓田　桂
- 2133 文化と外交　渡辺　靖
- 113 日本の外交　入江　昭
- 1000 新・日本の外交　入江　昭
- 2402 現代日本外交史　宮城大蔵
- 2366 入門　国境学　岩下明裕
- 1825 北方領土問題　岩下明裕
- 2068 ロシアの論理　武田善憲
- 1751 拡大ヨーロッパの挑戦（増補版）　羽場久美子
- 2405 欧州複合危機　遠藤　乾
- 2172 中国は東アジアをどう変えるか　白石　隆　ハウ・カロライン
- 2215 戦略論の名著　野中郁次郎編著
- 700 戦略的思考とは何か　岡崎久彦
- 721 地政学入門　曽村保信
- 1272 アメリカ海兵隊　野中郁次郎